根据十八届四中全会决定中提出的
国家机关"谁执法谁普法"精神最新编写

中医药管理
法律知识读本

中国社会科学院法学研究所法治宣传教育与公法研究中心◎组织编写

总顾问：张苏军　总主编：陈泽宪

本册主编：马丽丽　张佳薇　赵　波

以案释法版

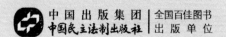

中国出版集团
中国民主法制出版社

全国百佳图书
出版单位

谁执法 谁普法

图书在版编目（CIP）数据

中医药管理法律知识读本：以案释法版 / 中国社会科学院法学研究所法治宣传教育与公法研究中心组织编写. -- 北京：中国民主法制出版社， 2016.10
（谁执法谁普法系列丛书）
ISBN 978-7-5162-1285-1

Ⅰ. ①中… Ⅱ. ①中… Ⅲ. ①中国医药学－医药卫生管理－法律－基本知识－中国 Ⅳ. ①D922.16

中国版本图书馆CIP数据核字（2016）第192698号

责任编辑 / 严月仙
装帧设计 / 郑文娟

书　　名 / 中医药管理法律知识读本（以案释法版）
作　　者 / 马丽丽　张佳薇　赵　波
出版·发行 / 中国民主法制出版社
社　　址 / 北京市丰台区右安门外玉林里7号（100069）
电　　话 / 010-62152088
传　　真 / 010-62168123
经　　销 / 新华书店
开　　本 / 16开　710mm×1000mm
印　　张 / 11.25
字　　数 / 191千字
版　　本 / 2017年1月第1版　　2017年1月第1次印刷
印　　刷 / 北京精乐翔印刷有限公司

书　　号 / ISBN 978-7-5162-1285-1
定　　价 / 28.00元
出 版 声 明 / 版权所有，侵权必究。

丛书编委会名单

总　序

搞好法治宣传教育
营造良好法治氛围

全面推进依法治国，是坚持和发展中国特色社会主义，努力建设法治中国的必然要求和重要保障，事关党执政兴国、人民幸福安康、国家长治久安。

我们党长期重视依法治国，特别是党的十八大以来，以习近平同志为核心的党中央对全面依法治国做出了重要部署，对法治宣传教育提出了新的更高要求，明确了法治宣传教育的基本定位、重大任务和重要措施。十八届三中全会要求"健全社会普法教育机制"；十八届四中全会要求"坚持把全民普法和守法作为依法治国的长期基础性工作，深入开展法治宣传教育"；十八届五中全会要求"弘扬社会主义法治精神，增强全社会特别是公职人员尊法学法守法用法观念，在全社会形成良好法治氛围和法治习惯"。习近平总书记多次强调，领导干部要做尊法学法守法用法的模范。法治宣传教育要创新形式、注重实效，为我们做好工作提供了基本遵循。

当前，我国正处于全面建成小康社会的决定性阶段，依法治国在党和国家工作全局中的地位更加突出，严格执法、公正司法的要求越来越高，维护社会公平正义的责任越来越大。按照全面依法治国新要求，深入开展法治宣传教育，充分发挥法治宣传教育在全面依法治国中的基础作用，推动全社会树立法治意识，为"十三五"时期经济社会发展营造良好法治环境，为实现"两个一百年"奋斗目标和中华民族伟大复兴的中国梦作出新贡献，责任重大、意义深远。

为深入贯彻党的十八大和十八届三中、四中、五中全会精神和习近平总书记系列重要讲话精神，以及中共中央、国务院转发《中央宣传部、司法部关于在公民中开展法治宣传教育的第七个五年规划（2016—2020年）》，扎实推进"七五"普法工作，中国社会科学院法学研究所联合中国民主法制出版社，组织国内有关方面的专家学者，在新一轮的五年普法规划实施期间，郑重推出"全面推进依法治国精品书库（六大系列）"，即《全国"七五"普法系列教材（以案释法版，25册）》《青少年法治教育系列教材（法治实践版，30册）》《新时期法治宣传教育工作理论与实务丛书（30册）》《"谁执法谁普法"系列丛书（以案释法版，73册）》《"七五"普法书架——以案释法系列丛书（60册）》和《"谁执法谁普法"系列宣传册（漫画故事版，83册）》。

其中"谁执法谁普法，谁主管谁负责"工作是一项涉及面广、工作要求高的系统工程。它以法律所调整的不同社会关系为基础，以行业监管或主管所涉及的法律法规为主体，充分发挥行业优势和主导作用，在抓好部门、行业内部法治宣传教育的同时，面向普法对象，普及该专属领域所涉及的法律法规的一种创新性普法方式。

实行"谁执法谁普法，谁主管谁负责"是贯彻落实中央精神、贯彻实施"七五"普法规划、深入推进新一轮全国法治宣传教育活动的重要举措。这一重要举措的切实实施，有利于充分发挥执法部门、行业主管的职能优势和主导作用，扩大普法依法治理工作覆盖面，增强法治宣传教育的针对性、专业性，促进执法与普法工作的有机结合，有利于各部门、各行业分工负责、各司其职、齐抓共管的大普法工作格局的形成。

为了深入扎实地做好"谁执法谁普法，谁主管谁负责"工作，我们组织编写了这套《"谁执法谁普法"系列丛书（以案释法版，73册）》。该丛书内容包括全面推进依法治国重大战略布局、宪法、行政法以及文物管理所涉及的法律法规制度。全书采取宣讲要点、以案释法的形式，紧紧围绕普法宣传的重点、法律规定的要点、群众关注的焦点、社会关注的热点、司法实践的难点，结合普法学习、法律运用和司法实践进行全面阐释，深入浅出，通俗易懂，具有较强的实用性和操作性，对于提高行业行政执法和业务管理人员能力水平，增强管理对象的法治意识具有积极意义。

衷心希望丛书的出版，能够为深入推进行业普法起到应有作用，更好地营造尊法学法守法用法的良好氛围。

本书编委会

2016年10月

目　录

第一章

全面推进依法治国的重大战略布局

 导 读

　　依法治国，就是广大人民群众在党的领导下，依照宪法和法律规定，通过法定形式管理国家事务，管理经济文化事业，管理社会事务，保证国家各项工作都依法进行，逐步实现民主制度化、法律化，建设社会主义法治国家。全面推进依法治国，是我们党从坚持和发展中国特色社会主义，实现国家治理体系和治理能力现代化，提高党的执政能力和执政水平出发，总结历史经验、顺应人民愿望和时代发展要求作出的重大战略布局。全面推进依法治国，必须坚持中国共产党的领导，坚持人民主体地位、坚持法律面前人人平等，坚持依法治国和以德治国相结合，坚持从中国实际出发。坚持依法治国、依法执政、依法行政共同推进，坚持法治国家、法治政府、法治社会一体建设，实现科学立法、严格执法、公正司法、全民守法，促进国家治理体系和治理能力现代化。

第一节　全面推进依法治国方略

　　依法治国，从根本上讲，就是广大人民群众在党的领导下，依照宪法和法律规定，通过法定形式管理国家事务、管理经济文化事业、管理社会事务，保证国家各项工作都依法进行，逐步实现民主制度化、法律化，建设社会主义法治国家。

一、全面推进依法治国的形成与发展过程

　　全面推进依法治国的提出，是对我们党严格执法执纪优良传统作风的传承，是对党的十五大报告提出的"依法治国，建设社会主义法治国家"的深化。历史地看，我们党依法治国基本方略的形成和发展，经历了一个长期的探索发展过程。早在革

命战争年代，我党领导下的革命根据地红色政权就陆续制定和颁布过《中华苏维埃共和国宪法大纲》《中国土地法大纲》《陕甘宁边区施政纲领》等一系列法律制度规定，为新生红色政权的依法产生和依法办事，为调动一切抗日力量抵御外来侵略者，为解放全中国提供了宪法性依据和法律遵循。遵守法纪、依法办事成为这一时期党政工作的一大特色。尽管从总体上看，为适应战时需要，当时主要实行的还是政策为主、法律为辅，但在战争年代，尤其是军事力量对比实力悬殊的情况下，我们党依然能够在革命根据地和解放区坚持探索和实践法制建设，充分显示了一个无产阶级政党领导人民翻身解放、当家作主的博大胸怀。1949年中华人民共和国成立，开启了中国法治建设的新纪元。从1949年到20世纪50年代中期，是中国社会主义法制的初创时期。这一时期中国制定了具有临时宪法性质的《中国人民政治协商会议共同纲领》和其他一系列法律、法令，对巩固新生的共和国政权，维护社会秩序和恢复国民经济，起到了重要作用。1954年第一届全国人民代表大会第一次会议制定的《中华人民共和国宪法》以及随后制定的有关法律，规定了国家的政治制度、经济制度和公民的权利与自由，规范了国家机关的组织和职权，确立了国家法制的基本原则，初步奠定了中国法治建设的基础。20世纪50年代后期至70年代初，特别是"文化大革命"的十年，中国社会主义法制遭到严重破坏。20世纪70年代末，中国共产党总结历史经验，特别是汲取"文化大革命"的惨痛教训，作出把"党和国家的工作重心转移到社会主义现代化建设上来"的重大决策，实行改革开放政策，明确了一定要靠法制治理国家的原则。为了保障人民民主，必须加强社会主义法制，使民主制度化、法律化，使这种制度和法律具有稳定性、连续性和权威性，使之不因领导人的改变而改变，不因领导人的看法和注意力的改变而改变，做到有法可依，有法必依，执法必严，违法必究，成为改革开放新时期法治建设的基本理念。在发展社会主义民主、健全社会主义法制的基本方针指引下，现行宪法以及刑法、刑事诉讼法、民事诉讼法、民法通则、行政诉讼法等一批基本法律出台，中国的法治建设进入了全新发展阶段。20世纪90年代，中国开始全面推进社会主义市场经济建设，由此进一步奠定了法治建设的经济基础，法治建设面临新的更高要求。1997年召开的中国共产党第十五次全国代表大会，将"依法治国"确立为治国基本方略，将"建设社会主义法治国家"确定为社会主义现代化的重要目标，并提出了建设中国特色社会主义法律体系的重大任务。1999年修宪，"中华人民共和国实行依法治国，建设社会主义法治国家"载入宪法，中国的法治建设开启了新篇章。进入21世纪，中国的法治建设继续向前推进。2002年召开的中国共产党第十六次全国代表大会，将"社会主义民主更加完善，社会主义法制更加完备，依法治国基本方略得到全面落实"作为全面建设小康社会的重要目标。2004年修宪，"国家尊重和保障人权"载入宪法。2007

年召开的中国共产党第十七次全国代表大会，明确提出全面落实依法治国基本方略，加快建设社会主义法治国家，并对加强社会主义法治建设作出了全面部署。2012年中共十八大召开以来，党中央高度重视依法治国。2014年10月，十八届四中全会专门作出《中共中央关于全面推进依法治国若干重大问题的决定》，描绘了全面推进依法治国的总蓝图、路线图、施工图，标志着依法治国按下了"快进键"、进入了"快车道"，对我国社会主义法治建设具有里程碑意义。在新的历史起点上，我们党更加重视全面依法治国和社会主义法治建设，强调落实依法治国基本方略，加快建设社会主义法治国家，全面推进科学立法、严格执法、公正司法、全民守法进程，强调坚持党的领导，更加注重改进党的领导方式和执政方式；依法治国，首先是依宪治国；依法执政，关键是依宪执政；新形势下，我们党要履行好执政兴国的重大职责，必须依据党章从严治党、依据宪法治国理政；党领导人民制定宪法和法律，党领导人民执行宪法和法律，党自身必须在宪法和法律范围内活动，真正做到党领导立法、保证执法、带头守法。当前，我国全面建成小康社会进入决定性阶段，改革进入攻坚期和深水区。我们党面临的改革发展稳定任务之重前所未有、矛盾风险挑战之多前所未有，依法治国在党和国家工作全局中的地位更加突出、作用更加重大。全面推进依法治国是关系我们党执政兴国、关系人民幸福安康、关系党和国家长治久安的重大战略问题，是完善和发展中国特色社会主义制度、推进国家治理体系和治理能力现代化的重要方面。我们要实现党的十八大和十八届三中、四中、五中全会作出的一系列战略部署，全面建成小康社会、实现中华民族伟大复兴的中国梦，全面深化改革、完善和发展中国特色社会主义制度，就必须在全面推进依法治国上作出总体部署、采取切实措施、迈出坚实步伐。

 以案释法 01

严格依法办事、坚持从严治党

2015年5月22日，天津市第一中级人民法院鉴于周永康案中一些犯罪事实证据涉及国家秘密，依法对周永康案进行不公开审理。天津市第一中级人民法院经审理认为，周永康受贿数额特别巨大，但其归案后能如实供述自己的罪行，认罪悔罪，绝大部分贿赂系其亲属收受且其系事后知情，案发后主动要求亲属退赃且受贿款物全部追缴，具有法定、酌定从轻处罚情节；滥用职权，犯罪情节特别严重；故意泄露国家秘密，犯罪情节特别严重，但未造成特别严重的后果。根据周永康犯罪的事实、性质、情节和对于社会的危害程度，天津市第一中级人民法院于2015年6月11日宣判，周永康犯受贿罪，判处无期徒刑，剥夺政治权利终身，并处没收个人财产；犯滥用职权罪，判处有期徒刑七年；犯故意泄露国家秘密罪，判处有期徒刑四年，三罪并罚，决定执行无期徒刑，剥夺政治权利终身，并处没收个人财产。周永康在庭审最后陈述时说："我接受检方指控，基本事实清楚，我表示认罪悔罪；有关人员对我家人的贿赂，实际上是冲着我的权力来的，我应负主要责任；自己不断为私情而违法违纪，违法犯罪的事实是客观存在的，给党和国家造成了重大损失；对我问题的依纪依法处理，体现了中国共产党全面从严治党、全面依法治国的决心。"

 释解

周永康一案涉及新中国成立以来第一例因贪腐被中纪委立案审查的正国级领导干部。周永康的落马充分反映了我们党全面从严治党、全面依法治国的坚定决心。说明反腐没有"天花板"，无论任何人，不管位有多高，权有多大，只要违法乱纪，一样要严惩不贷。周永康一案的宣判表明，无论是位高权重之人，还是基层党员干部，都应始终敬畏党纪、敬畏国法，不以权谋私，切忌把权力当成自家的"后花园"。通过办案机关依法办案、文明执法，讲事实、讲道理，周永康也认识到自己违法犯罪的事实给党的事业造成的损失，给社会造成了严重影响，并多次表示认罪悔罪。综观周永康一案从侦办、审理到宣判，整个过程都坚持依法按程序办案，很好地体现了"以法治思维和法治方式反对腐败"的基本理念。这充分说明，我们党敢于直面问题、纠正错误，勇于从严治党、依法治国。周永康案件再次表明，党纪国法绝不是"橡皮泥""稻草人"，无论是因为"法盲"导致违纪违法，还是故意违规违法，都要受到追究，否则就会形成"破窗效应"。法治之下，任何人都不能心存侥幸，也不能指望法外施恩，没有免罪的"丹书铁券"，也没有"铁帽子王"。

二、全面推进依法治国必须坚持的基本原则

全面推进依法治国是一项系统工程，是国家治理领域一场广泛而深刻的革命，需要付出长期艰苦努力，这一过程中，既要避免不作为，又要防范乱作为。为此，党的十八届四中全会明确提出了全面推进依法治国必须要坚持的基本原则，即坚持中国共产党的领导，坚持人民主体地位，坚持法律面前人人平等，坚持依法治国和以德治国相结合，坚持从中国实际出发。

（一）党的领导原则

党的领导是中国特色社会主义最本质的特征，是社会主义法治最根本的保证。把党的领导贯彻到依法治国全过程和各方面，是我国社会主义法治建设的一条基本经验。我国宪法确立了中国共产党的领导地位。坚持党的领导，是社会主义法治的根本要求，是党和国家的根本所在、命脉所在，是全国各族人民的利益所系、幸福所系。实践证明，只有把依法治国基本方略的贯彻实施同依法执政的基本方式统一

起来，把党领导立法、保证执法、支持司法、带头守法统一起来，把党总揽全局、协调各方同人大、政府、政协、审判机关、检察机关依法依章程履行职能、开展工作统一起来，把党领导人民制定和实施宪法法律同党坚持在宪法法律范围内活动统一起来，才能确保法治中国的建设有序推进、深入开展。

（二）人民主体原则

在我国，人民是依法治国的主体和力量源泉，法治建设以保障人民根本权益为出发点和落脚点。法治建设的宗旨是为了人民、依靠人民、保护人民、造福人民。因此，全面推进依法治国，必须要保证人民依法享有广泛的权利和自由、承担应尽的义务，维护社会公平正义，促进共同富裕。全面推进依法治国，就是为了更好地实现人民在党的领导下，依照法律规定，通过各种途径和形式管理国家事务，管理经济文化事业，管理社会事务。法律既是保障公民权利的有力武器，也是全体公民必须一体遵循的行为规范，因此全面推行依法治国，必须要坚持人民主体原则，切实增强全社会学法尊法守法用法意识，使法律为人民所掌握、所遵守、所运用。

（三）法律面前人人平等原则

平等是社会主义法律的基本属性。法律面前人人平等，要求任何组织和个人都必须尊重宪法法律权威，都必须在宪法法律范围内活动，都必须依照宪法法律行使权力或权利、履行职责或义务，都不得有超越宪法法律的特权。全面推行依法治国，必须维护国家法制统一、尊严和权威，切实保证宪法法律有效实施，任何人都不得以任何借口任何形式以言代法、以权压法、徇私枉法。必须规范和约束公权力，加大监督力度，做到有权必有责、用权受监督、违法必追究。坚决纠正有法不依、执法不严、违法不究行为。

（四）依法治国和以德治国相结合原则

法律和道德同为社会行为规范，在支撑社会交往、维护社会稳定、促进社会发展方面，发挥着各自不同的且不可替代的交互作用，国家和社会治理离不开法律和道德的共同发挥作用。全面推进依法治国，必须要既重视发挥法律的规范作用，又重视发挥道德的教化作用，要坚持一手抓法治、一手抓德治，大力弘扬社会主义核心价值观，弘扬中华传统美德，培育社会公德、职业道德、家庭美德、个人品德。法治要体现道德理念、强化对道德建设的促进作用，道德要滋养法治精神、强化对法治文化的支撑作用，以实现法律和道德相辅相成、法治和德治相得益彰。

（五）从实际出发原则

全面推进依法治国是中国特色社会主义道路、理论、制度实践的必然选择。建设法治中国，必须要从我国基本国情出发，同改革开放不断深化相适应，总结和运用党领导人民实行法治的成功经验，围绕社会主义法治建设重大理论和实践问题，深入开展法治建设，推进法治理论创新。

三、全面推进依法治国的总体要求

十八届四中全会是我党历史上第一次通过全会的形式专题研究部署、全面推进依法治国问题。全会在对全面推进依法治国的重要意义、重大作用、指导思想和基本原则作了系统阐述的基础上，站在总揽全局、协调各方的高度，对全面推进依法治国进程中的人大、政府、政协、审判、检察等各项工作提出了工作要求。

（一）加强立法工作，完善中国特色社会主义法律体系建设和以宪法为核心的法律制度实施

1. 建设中国特色社会主义法治体系，坚持立法先行，发挥立法的引领和推动作用，抓住提高立法质量这个关键

立法工作要恪守以民为本、立法为民理念，贯彻社会主义核心价值观，要符合宪法精神、反映人民意志、得到人民拥护。要把公正、公平、公开原则贯穿立法全过程，完善立法体制机制，坚持立改废释并举，增强法律法规的及时性、系统性、针对性、有效性。坚持依法治国，首先要坚持依宪治国、坚持依宪执政。一切违反宪法的行为都必须予以追究和纠正。为了强化宪法意识，党和国家还确定，每年12月4日定为国家宪法日。在全社会普遍开展宪法教育，弘扬宪法精神。建立宪法宣誓制度，凡经人大及其常委会选举或者决定任命的国家工作人员正式就职时公开向宪法宣誓。

2. 完善党对立法工作中重大问题决策的程序

凡立法涉及重大体制和重大政策调整的，必须报党中央讨论决定。党中央向全国人大提出宪法修改建议，依照宪法规定的程序进行宪法修改。法律制定和修改的重大问题由全国人大常委会党组向党中央报告。健全有立法权的人大主导立法工作的体制机制。建立由全国人大相关专门委员会、全国人大常委会法制工作委员会组织有关部门参与起草综合性、全局性、基础性等重要法律草案制度。增加有法治实践经验的专职常委比例。依法建立健全专门委员会、工作委员会立法专家顾问制度。加强和改进政府立法制度建设，完善行政法规、规章制定程序，完善公众参与政府立法机制。重要行政管理法律法规由政府法制机构组织起草。明确立法权力边界，从体制机制和工作程序上有效防止部门利益和地方保护主义法律化。明确地方立法权限和范围，依法赋予设区的市地方立法权。

3. 深入推进科学立法、民主立法

加强人大对立法工作的组织协调，健全立法起草、论证、协调、审议机制，健全向下级人大征询立法意见机制，建立基层立法联系点制度，推进立法精细化。更多发挥人大代表参与起草和修改法律的作用。充分发挥政协委员、民主党派、工商

联、无党派人士、人民团体、社会组织在立法协商中的作用，拓宽公民有序参与立法途径，广泛凝聚社会共识。

4. 加强重点领域立法

依法保障公民权利，加快完善体现权利公平、机会公平、规则公平的法律制度，保障公民人身权、财产权、基本政治权利等各项权利不受侵犯，保障公民经济、文化、社会等各方面权利得到落实，实现公民权利保障法治化。增强全社会尊重和保障人权意识，健全公民权利救济渠道和方式。

（二）深入推进依法行政，加快建设法治政府

各级政府必须坚持在党的领导下、在法治轨道上开展工作，创新执法体制，完善执法程序，推进综合执法，严格执法责任，建立权责统一、权威高效的依法行政体制，加快建设职能科学、权责法定、执法严明、公开公正、廉洁高效、守法诚信的法治政府。

1. 依法全面履行政府职能

完善行政组织和行政程序法律制度，推进机构、职能、权限、程序、责任法定化行政机关要坚持法定职责必须为、法无授权不可为，勇于负责、敢于担当，坚决纠正不作为、乱作为，坚决克服懒政、怠政，坚决惩处失职、渎职。行政机关不得法外设定权力，没有法律法规依据不得作出减损公民、法人和其他组织合法权益或者增加其义务的决定。

2. 健全依法决策机制

把公众参与、专家论证、风险评估、合法性审查、集体讨论决定确定为重大行政决策作出的法定程序，确保决策制度科学、程序正当、过程公开、责任明确。建立重大决策终身责任追究制度及责任倒查机制，对决策严重失误或者依法应该及时作出决策但久拖不决造成重大损失、恶劣影响的，严格追究行政首长、负有责任的其他领导人员和相关责任人员的法律责任。

3. 深化行政执法体制改革

根据不同层级政府的事权和职能，按照减少层次、整合队伍、提高效率的原则，合理配置执法力量。推进综合执法，大幅减少市县两级政府执法队伍种类，重点在食品药品安全、工商质检、公共卫生、安全生产、文化旅游、资源环境、农林水利、交通运输、城乡建设、海洋渔业等领域内推行综合执法，有条件的领域可以推行跨部门综合执法；严格实行行政执法人员持证上岗和资格管理制度，未通过经执法资格考试，不得授予执法资格，不得从事执法活动。严格执行罚缴分离和收支两条线管理制度，严禁收费罚没收入同部门利益直接或者变相挂钩。

4. 坚持严格规范公正文明执法

依法惩处各类违法行为，加大关系群众切身利益的重点领域执法力度。完善执

法程序，建立执法全过程记录制度。明确具体操作流程，重点规范行政许可、行政处罚、行政强制、行政征收、行政收费、行政检查等执法行为。严格执行重大执法决定法制审核制度。全面落实行政执法责任制，严格确定不同部门及机构、岗位执法人员执法责任和责任追究机制，加强执法监督，坚决排除对执法活动的干预，防止和克服地方和部门保护主义，惩治执法腐败现象。

5. 强化对行政权力的制约和监督

加强党内监督、人大监督、民主监督、行政监督、司法监督、审计监督、社会监督、舆论监督制度建设，努力形成科学有效的权力运行制约和监督体系，增强监督合力和实效。加强对政府内部权力的制约，对财政资金分配使用、国有资产监管、政府投资、政府采购、公共资源转让、公共工程建设等权力集中的部门和岗位实行分事行权、分岗设权、分级授权，定期轮岗，强化内部流程控制，防止权力滥用。改进上级机关对下级机关的监督，建立常态化监督制度。完善纠错问责机制，健全责令公开道歉、停职检查、引咎辞职、责令辞职、罢免等问责方式和程序。完善审计制度，保障依法独立行使审计监督权。对公共资金、国有资产、国有资源和领导干部履行经济责任情况实行审计全覆盖。

6. 全面推进政务公开

坚持以公开为常态、不公开为例外原则，推进决策公开、执行公开、管理公开、服务公开、结果公开。各级政府及其工作部门依据权力清单，向社会全面公开政府职能、法律依据、实施主体、职责权限、管理流程、监督方式等事项。重点推进财政预算、公共资源配置、重大建设项目批准和实施、社会公益事业建设等领域的政府信息公开。涉及公民、法人或其他组织权利和义务的规范性文件，按照政府信息公开要求和程序予以公布。推行行政执法公示制度。推进政务公开信息化，加强互联网政务信息数据服务平台和便民服务平台建设。

（三）保证公正司法，提高司法公信力

必须完善司法管理体制和司法权力运行机制，规范司法行为，加强对司法活动的监督，努力让人民群众在每一个司法案件中感受到公平正义。

1. 完善确保依法独立公正行使审判权和检察权的制度

建立领导干部干预司法活动、插手具体案件处理的记录、通报和责任追究制度。任何党政机关和领导干部都不得让司法机关做违反法定职责、有碍司法公正的事情，任何司法机关都必须执行党政机关和领导干部不得违法干预司法活动的要求。对干预司法机关办案的，给予党纪政纪处分；造成冤假错案或者其他严重后果的，依法追究刑事责任。

2. 优化司法职权配置

健全公安机关、检察机关、审判机关、司法行政机关各司其职，侦查权、检察权、审判权、执行权相互配合和制约的体制机制。完善审级制度，一审重在解决事实认定和法律适用，二审重在解决事实法律争议、实现二审终审，再审重在依法纠错、维护裁判权威；建立司法机关内部人员过问案件的记录制度和责任追究制度。完善主审法官、合议庭、主任检察官、主办侦查员办案责任制，落实谁办案谁负责。

3. 推进严格司法

健全事实认定符合客观真相、办案结果符合实体公正、办案过程符合程序公正的法律制度。加强和规范司法解释和案例指导，统一法律适用标准。全面贯彻证据裁判规则，严格依法收集、固定、保存、审查、运用证据，完善证人、鉴定人出庭制度，保证庭审在查明事实、认定证据、保护诉权、公正裁判中发挥决定性作用。明确各类司法人员工作职责、工作流程、工作标准，实行办案质量终身负责制和错案责任倒查问责制，确保案件处理经得起法律和历史检验。

4. 保障人民群众参与司法

坚持人民司法为人民，依靠人民推进公正司法，通过公正司法维护人民权益。在司法调解、司法听证、涉诉信访等司法活动中保障人民群众参与。推进审判公开、检务公开、警务公开、狱务公开，依法及时公开执法司法依据、程序、流程、结果和生效法律文书，杜绝暗箱操作。

5. 加强人权司法保障

强化诉讼过程中当事人和其他诉讼参与人的知情权、陈述权、辩护辩论权、申请权、申诉权的制度保障。健全落实罪刑法定、疑罪从无、非法证据排除等法律原则的法律制度。完善对限制人身自由司法措施和侦查手段的司法监督，加强对刑讯逼供和非法取证的源头预防，健全冤假错案有效防范、及时纠正机制。

6. 加强对司法活动的监督

完善检察机关行使监督权的法律制度，加强对刑事诉讼、民事诉讼、行政诉讼的法律监督。完善人民监督员制度，重点监督检察机关查办职务犯罪的立案、羁押、扣押和冻结财物、起诉等环节的执法活动。依法规范司法人员与当事人、律师、特殊关系人、中介组织的接触、交往行为。严禁司法人员私下接触当事人及律师、泄露或者为其打探案情、接受吃请或者收受其财物、为律师介绍代理和辩护业务等违法违纪行为，坚决惩治司法掮客行为，防止利益输送。

（四）增强全民法治观念，推进法治社会建设

弘扬社会主义法治精神，建设社会主义法治文化，增强全社会厉行法治的积极性和主动性，形成守法光荣、违法可耻的社会氛围，使全体人民都成为社会主义法治的忠实崇尚者、自觉遵守者、坚定捍卫者。

1. 推动全社会树立法治意识

坚持把全民普法和守法作为依法治国的长期基础性工作，深入开展法治宣传

教育，引导全民自觉守法、遇事找法、解决问题靠法。坚持把领导干部带头学法、模范守法作为树立法治意识的关键，完善国家工作人员学法用法制度，把法治教育纳入国民教育体系，从青少年抓起，在中小学设立法治知识课程。健全普法宣传教育机制，各级党委和政府要加强对普法工作的领导，宣传、文化、教育部门和人民团体要在普法教育中发挥职能作用。实行国家机关"谁执法谁普法"的普法责任制，建立法官、检察官、行政执法人员、律师等以案释法制度。把法治教育纳入精神文明创建内容，开展群众性法治文化活动，健全媒体公益普法制度，加强新媒体新技术在普法中的运用，提高普法实效；加强社会诚信建设，健全公民和组织守法信用记录，完善守法诚信褒奖机制和违法失信行为惩戒机制，使尊法守法成为全体人民的共同追求和自觉行动；加强公民道德建设，弘扬中华优秀传统文化，增强法治的道德底蕴，强化规则意识，倡导契约精神，弘扬公序良俗。发挥法治在解决道德领域突出问题中的作用，引导人们自觉履行法定义务、社会责任、家庭责任。

2. 推进多层次多领域依法治理

深入开展多层次多领域法治创建活动，深化基层组织和部门、行业依法治理，支持各类社会主体自我约束、自我管理。发挥市民公约、乡规民约、行业规章、团体章程等社会规范在社会治理中的积极作用。建立健全社会组织参与社会事务、维护公共利益、救助困难群众、帮教特殊人群、预防违法犯罪的机制和制度化渠道，发挥社会组织对其成员的行为导引、规则约束、权益维护作用。

3. 建设完备的法律服务体系

完善法律援助制度，扩大援助范围，健全司法救助体系，保证人民群众在遇到法律问题或者权利受到侵害时获得及时有效的法律帮助。

4. 健全依法维权和化解纠纷机制

强化法律在维护群众权益、化解社会矛盾中的权威地位，引导和支持人们理性表达诉求、依法维护权益。建立健全社会矛盾预警机制、利益表达机制、协商沟通机制、救济救助机制，畅通群众利益协调、权益保障法律渠道。把信访纳入法治化轨道，保障合理合法诉求依照法律规定和程序就能得到合理合法的结果。健全社会矛盾纠纷预防化解机制，完善调解、仲裁、行政裁决、行政复议、诉讼等有机衔接、相互协调的多元化纠纷解决机制。完善立体化社会治安防控体系，有效防范、化解、管控影响社会安定的问题，保障人民生命财产安全。依法严厉打击暴力恐怖、涉黑犯罪、邪教和黄赌毒等违法犯罪活动，绝不允许其形成气候。依法强化危害食品药品安全、影响生产安全、损害生态环境、破坏网络安全等重点问题治理。此外，十八届四中全会还就法治工作队伍建设、党对全面推进依法治国的领导等重大问题提出了加强和改进要求。

让人民群众在司法案件中感受到公平正义

欠债还钱，天经地义，支付罚息，也理所应当。但是，银行却在本金、罚息之外，另收"滞纳金"，并且还是按复利计算，结果经常导致"滞纳金"远高于本金，成了实际上的"驴打滚"。中国银行某高新技术产业开发区支行起诉信用卡欠费人沙女士，请求人民法院判令沙女士归还信用卡欠款共计375079.3元（包含本金339659.66元及利息、滞纳金共计35419.64元）。银行按每日万分之五的利率计算的利息，以及每个月高达5%的滞纳金，这就相当于年利率高达78%。受理本案的人民法院认为，根据合同法、商业银行法，我国的贷款利率是受法律限制的，最高人民法院在关于民间借贷的司法解释中明确规定：最高年利率不得超过24%，否则就算"高利贷"，不受法律保护。但问题在于，最高法的司法解释针对的是"民间高利贷"，而原告是根据中国人民银行的《银行卡业务管理办法》收取滞纳金的，该如何审理？

在我国社会主义法律体系中，宪法是国家的根本大法，处于最高位阶，一切法律、行政法规、司法解释、地方性法规和规章、自治条例和单行条例都不得与宪法规定精神相违背。依法治国首先必须依宪治国。十八届四中全会重申了宪法第五条关于"一切违反宪法和法律的行为，必须予以追究"的原则，强调要"努力让人民群众在每一个司法案件中感受到公平正义"。此案中，法官引述了宪法第三十三条第二款规定："中华人民共和国公民在法律面前一律平等。"法官认为："平等意味着对等待遇，除非存在差别对待的理由和依据。一方面，国家以贷款政策限制民间借款形成高利；另一方面，在信用卡借贷领域又形成超越民间借贷限制一倍或者几倍的利息。这显然极可能形成一种'只准州官放火，不许百姓点灯'的外在不良观感。"法官从宪法"平等权"等多个层面，提出应对法律作系统性解释，认为"商业银行错误将相关职能部门的规定作为自身高利、高息的依据，这有违于合同法及商业银行法的规定"，从而最终驳回了银行有关滞纳金的诉讼请求，仅在本金339659.66元、年利率24%的限度内予以支持。

第二节 建设中国特色社会主义法治体系

十八届四中全会提出："全面推进依法治国，总目标是建设中国特色社会主义法治体系，建设社会主义法治国家。"这是我们党的历史上第一次提出建设中国特色社会主义法治体系的新目标。从"法律体系"到"法治体系"是一个质的飞跃，是一个从静态到动态的过程，是一个从平面到立体的过程。

一、中国特色社会主义法治体系的主要内容

中国特色社会主义法治体系包括完备的法律规范体系、高效的法治实施体系、严密的法治监督体系、有力的法治保障体系、完备的党内法规体系五个子系统。

（一）完备的法律规范体系

建设中国特色社会主义法治体系，全面推进依法治国，需要充分的规范供给为全社会依法办事提供基本遵循。一方面，要加快完善法律、行政法规、地方性法规体系；另一方面，也要完善包括市民公约、乡规民约、行业规章、团体章程在内的社会规范体系。恪守原有单一的法律渊源已无法满足法治实践的需求，有必要适当扩大法律渊源，甚至可以有限制地将司法判例、交易习惯、法律原则、国际惯例作为裁判根据，以弥补法律供给的不足，同时还应当建立对法律扩大或限缩解释的规则，通过法律适用过程填补法律的积极或消极的漏洞。为了保证法律规范的质量和提升立法科学化的水平，应当进一步改善立法机关组成人员的结构，提高立法程序正当化水平，构建立法成本效益评估前置制度，建立辩论机制，优化协商制度，提升立法技术，规范立法形式，确定法律规范的实质与形式标准，设立法律规范的事前或事后的审查过滤机制，构建实施效果评估机制，完善法律修改、废止和解释制度，等等。尤其要着力提高立法过程的实质民主化水平，要畅通民意表达机制以及民意与立法的对接机制，设定立法机关组成人员联系选民的义务，规范立法机关成员与"院外"利益集团的关系，完善立法听取意见（包括听证等多种形式）、整合吸纳意见等制度，建立权力机关内部的制约协调机制，建立立法成员和立法机关接受选民和公众监督的制度，等等。

（二）高效的法治实施体系

法治实施是一个系统工程。首先，要认真研究如何使法律规范本身具有可实施性，不具有实施可能性的法律规范无疑会加大实施成本，甚至即使执法司法人员费尽心机也难以实现。因此，要特别注意法律规范的可操作性、实施资源的配套性、法律规范本身的可接受性以及法律规范自我实现的动力与能力。其次，要研究法律实施所必需的体制以及法律设施，国家必须为法律实施提供强有力的体制、设施与

物质保障。再次，要认真研究法律实施所需要的执法和司法人员的素质与能力，要为法律实施所需要的素质和能力的培训与养成提供必要的条件和机制。又次，要研究法律实施的环境因素，并为法律实施创造必要的执法和司法环境。最后，要研究如何克服法律实施的阻碍和阻力，有针对性地进行程序设计、制度预防和机制阻隔，针对我国现阶段的国情，有必要把排除"人情""关系""金钱""权力"对法律实施的干扰作为重点整治内容。

（三）严密的法治监督体系

对公共权力的监督和制约，是任何法治形态的基本要义；公共权力具有二重性，唯有法律能使其扬长避短和趋利避害；破坏法治的最大危险在一般情况下都来自公共权力；只有约束好公共权力，国民的权利和自由才可能安全实现。有效监督和制约公共权力，要在以下几个方面狠下功夫：要科学配置权力，使决策权、执行权、监督权相互制约又相互协调；要规范权力的运行，为权力的运行设定明确的范围、条件、程序和界限；要防止权力的滥用，为权力的行使设定正当目的及合理基准与要求；要严格对权力的监督，有效规范党内、人大、民主、行政、司法、审计、社会、舆论诸项监督，并充分发挥各种监督的独特作用，使违法或不正当行使权力的行为得以及时有效纠正；要健全权益恢复机制，使受公共权力侵害的私益得到及时赔偿或补偿。

（四）有力的法治保障体系

依法治国是一项十分庞大和复杂的综合性系统工程。要在较短时间内实现十八届四中全会提出的全面推进依法治国的战略目标，任务艰巨而繁重，如果缺少配套的保证体系作为支撑，恐难以持久。普遍建立法律顾问制度。完善规范性文件、重大决策合法性审查机制。建立科学的法治建设指标体系和考核标准。健全法规、规章、规范性文件备案审查制度。健全社会普法教育机制，增强全民法治观念。逐步增加有地方立法权的较大的市数量。深化行政执法体制改革。完善行政执法程序，规范执法自由裁量权，加强对行政执法的监督，全面落实行政执法责任制和执法经费由财政保障制度，做到严格规范公正文明执法。完善行政执法与刑事司法衔接机制。确保依法独立公正行使审判权、检察权。改革司法管理体制，推动省以下地方人民法院、人民检察院人财物统一管理，探索建立与行政区划适当分离的司法管辖制度，保证国家法律统一正确实施。建立符合职业特点的司法人员管理制度，健全法官、检察官、人民警察统一招录、有序交流、逐级遴选机制，完善司法人员分类管理制度，健全法官、检察官、人民警察职业保障制度。健全司法权力运行机制。优化司法职权配置，健全司法权力分工负责、互相配合、互相制约机制，加强和规范对司法活动的法律监督和社会监督。健全国家司法救助制度，完善法律援助制度。完善律师执业权利保障机制和违法违规执业惩戒制度，加强职业道德建设，发挥律师在依法维护公民和法人合法权益方面的重要作用。

（五）完善的党内法规体系

党内法规既是管党治党的重要依据，也是中国特色社会主义法治体系的重要组成部分。由于缺少整体规划，缺乏顶层设计，党内法规存在"碎片化"现象。要在对现有党内法规进行全面清理的基础上，抓紧制定和修订一批重要党内法规，加大党内法规备案审查和解释力度，完善党内法规制定体制机制，形成配套完备的党内法规制度体系，使党内生活更加规范化、程序化，使党内民主制度体系更加完善，使权力运行受到更加有效的制约和监督，使党执政的制度基础更加巩固，为到建党100周年时全面建成内容科学、程序严密、配套完备、运行有效的党内法规制度体系打下坚实基础。

二、以高度自信建设中国特色社会主义法治体系

（一）依法治国、依法执政、依法行政共同推进

依法治国是党领导人民治国理政的基本方式，要依照宪法和法律规定，通过各种途径和形式实现人民群众在党的领导下管理国家事务，管理经济文化事业，管理社会事务，保证国家各项工作都依法进行，逐步实现社会主义民主的制度化、法律化。依法执政是依法治国的关键，要坚持党领导人民制定法律、实施法律并在宪法法律范围内活动的原则，健全党领导依法治国的制度和工作机制，促进党的政策和国家法律互联互动。依法行政是依法治国的重点，要创新执法体制，完善执法程序，推进综合执法，严格执法责任，建立权责统一、权威高效的依法行政体制，加快建设职能科学、权责法定、执法严明、公开公正、廉洁高效、守法诚信的法治政府，切实做到合法行政、合理行政、高效便民、权责统一、政务公开。

（二）法治国家、法治政府、法治社会一体建设

法治国家、法治政府和法治社会是全面推进依法治国的"一体双翼"。法治国家是长远目标和根本目标，建设法治国家的核心要求是实现国家生活的全面法治化；法治政府是重点任务和攻坚内容，建设法治政府的核心要求是规范和制约公共权力；法治社会是组成部分和薄弱环节，建设法治社会的核心是推进多层次多领域依法治理，实现全体国民自己守法、护法。法治国家、法治政府、法治社会一体建设，要求三者相互补充、相互促进、相辅相成。

（三）科学立法、严格执法、公正司法、全民守法相辅相成

十八大以来，党中央审时度势，提出了"科学立法、严格执法、公正司法、全民守法"的十六字方针，确立了新时期法治中国建设的基本内容。科学立法要求完善立法规划，突出立法重点，坚持立改废释并举，提高立法科学化、民主化水平，提高法律的针对性、及时性、系统性、有效性，完善立法工作机制和程序，扩大公众有序参与，充分听取各方面意见，使法律准确反映经济社会发展要求，更好协调

利益关系，发挥立法的引领和推动作用。严格执法，要求加强宪法和法律实施，维护社会主义法制的统一、尊严、权威，形成人们不愿违法、不能违法、不敢违法的法治环境，做到有法必依、执法必严、违法必究。公正司法，要求要努力让人民群众在每一个司法案件中都感受到公平正义，所有司法机关都要紧紧围绕这个目标来改进工作，重点解决影响司法公正和制约司法能力的深层次问题。全民守法，要求任何组织或者个人都必须在宪法和法律范围内活动，任何公民、社会组织和国家机关都要以宪法和法律为行为准则，依照宪法和法律行使权利或权力、履行义务或职责。

（四）与推进国家治理体系和治理能力现代化同脉共振

全面推进依法治国既是实现国家治理现代化目标的基本要求，又是推进国家治理现代化的重要组成部分。法律的强制性、普遍性、稳定性、公开性、协调性等价值属性满足了国家治理对权威性和有效性的要求。法治在治理现代化过程中具有极为重要的意义。民主、科学、文明、法治是国家治理现代化的基本要求，民主、科学、文明都离不开法治的保障。治理现代化需要通过法治手段进一步具体地对应到治理体系的各个领域和每个方面，需要进一步量化为具体的指标体系，包括国权配置定型化、公权行使制度化、权益保护实效化、治理行为规范化、社会关系规则化、治理方式文明化六个方面。在实现治理法治化的过程中，治理主体需要高度重视法治本身的现代化问题，高度重视法律规范的可实施性，高度重视全社会法治信仰的塑造，高度重视治理事务对法治的坚守，高度重视司法公信力的培养。

第三节　提高运用法治思维和法治方式的能力

法治思维是指将党中央关于法治中国建设的基本要求，将国家宪法和法律的相关规定运用于判断、思考和决策，法治方式就是运用法治思维处理和解决问题的行为方式。法治思维与法治方式两者之间属于法治要求内化于心、外化于行的辩证统一关系。简言之，用法律观念来判断问题，用法律方式来处理矛盾和纠纷，这就是法治思维和法治方式。正如习近平同志指出的那样，"各级领导干部要提高运用法治思维和法治方式深化改革、推动发展、化解矛盾、维护稳定能力，努力推动形成办事依法、遇事找法、解决问题用法、化解矛盾靠法的良好法治环境，在法治轨道上推动各项工作"。

一、法治思维和法治方式的基本属性

法治思维和法治方式作为治理能力范畴中的一种新要求，它要求党员干部要带头尊法、学法、守法、用法，自觉地在法律授权范围内活动，切实维护国家法制的

统一、尊严和权威，依法保障人民享有广泛的民主权利和自由；法治思维和法治方式作为治理能力范畴中的一种新理念，它要求党员干部要带头破除重管理轻服务、重治民轻治官、重权力轻职责等积弊，带头荡除以言代法、以权压法、违法行政等沉疴。中国特色社会主义法治特质决定了法治思维和法治方式集中具有以下几个方面的属性要求：职权法定、权力制约、保障人权、程序正当。

（一）职权法定

职权法定是指行政机关及其公职人员的行政权力，来自于法律的明确授权，而非自行设定。因此，行政机关及其公职人员要做到依法行政，首先必须严守法律明确授予的行政职权，必须在法律规定的职权范围内活动。非经法律授权，不得作出行政管理行为；超出法律授权范围，不享有对有关事务的管理权，否则都属于行政违法。正如党的十八届四中全会强调的那样，"行政机关不得法外设定权力，没有法律法规依据不得作出减损公民、法人和其他组织合法权益或者增加其义务的决定"。坚持职权法定，首先在思想上要牢固树立宪法和法律的权威。宪法是国家的根本法，是治国安邦的总章程，任何法律和规范性文件都不得与宪法相抵触。依据宪法而制定的法律是全社会一体遵循的行动准则，任何人都不享有超越法律的特权。要注意培养依法办事的良好工作作风，切实做到办事依法、遇事找法、解决问题用法、化解矛盾靠法，在法治轨道上推动各项工作。有关部门要切实按照中央的要求，把法治建设成效作为衡量各级领导班子和领导干部工作实绩的重要内容，纳入政绩考核指标体系。把能不能遵守法律、依法办事作为考察干部的重要内容，在相同条件下，优先提拔使用法治素养好、依法办事能力强的干部。对特权思想严重、法治观念淡薄的干部要批评教育，不改正的要调离领导岗位。

（二）权力制约

权力制约是中国特色社会主义法治理念中的一项基本原则，这一原则贯穿于宪法始终，体现在各部法律之内。我国现行宪法对国家权力的设定充分体现了权力的分工与制约原则。首先，宪法明确规定国家的一切权力属于人民。其次，宪法在人民代表和国家机关及其工作人员的关系上，规定人民代表由人民选举产生，对人民负责，接受人民监督。人民有权对国家机关及其工作人员提出批评、建议、控告、检举等。再次，宪法规定国家行政机关、审判机关、检察机关都由人大产生，对它负责，受它监督。此外，我国宪法为充分保证执法机关正确执法，还明确规定了行政机关和司法机关在本系统内实行监督和制约。权力制约是法治国家的基本特征。改革开放以来，党和国家高度重视对权力的监督制约，党的十七大报告明确提出，要完善制约和监督机制，保证人民赋予的权力始终用来为人民谋利益；确保权力正确行使，必须让权力在阳光下运行；要坚持用制度管权、管事、管人，建立健全决策权、执行权、监督权既相互制约又相互协调的权力结构和运行机制。习近平总书记在首都各界纪念现行宪法公布施行30周年大会上的讲话中强调"我们要健全权力运行制约和监督体系，有权必有责，用权受监督，失职要问责，违法要追究，保证人民赋予的权力始终用来为人民谋利益。"

（三）保障人权

我们党长期注重尊重和保障人权。早在新民主主义革命时期，中国共产党就在所领导的红色革命根据地内颁布了《中华苏维埃共和国宪法大纲》《陕甘宁边区施政纲领》《陕甘宁边区宪法原则》等宪法性文件，明确规定保障人民权利的内容。抗战时期，为广泛调动一切抗日力量，各根据地人民政府普遍颁布和实施了保障人权的法令。新中国成立后的第一部宪法，就将公民的人身、经济、政治、社会、文化等方面的权利用根本大法的形式固定下来。20世纪80年代末，我们党就明确提出，社会主义中国要把人权旗帜掌握在自己手中。1991年11月1日，国务院新闻办公室向世界公布了新中国第一份《中国的人权状况》的白皮书，以政府文件的形式正面肯定了人权在中国政治发展中的地位。1997年9月，党的十五大明确提出："共产党执政就是领导和支持人民掌握管理国家的权力，实行民主选举、民主决策、民主管理和民主监督，保证人民依法享有广泛的权利和自由，尊重和保障人权。"此后，尊重和保障人权成为了中国共产党执政的基本目标和政治体制改革与民主法制建设的一个重要内容。2004年3月，十届全国人大二次会议通过宪法修正案，首次将"人权"概念载入宪法，明确规定"国家尊重和保障人权"。至此，尊重和保障人权上升为国家的一项宪法原则，成为行政执法活动中一条不应逾越的底线。

（四）程序正当

程序正当是社会主义法治对行政活动提出的一项基本要求。具体地说，程序正当是指行政机关行使行政权力、实施行政管理时，除涉及国家秘密和依法受到保护的商业秘密、个人隐私的外，都应当公开，注意听取公民、法人和其他组织的意见；要严格遵循法定程序，依法保障行政管理相对人、利害关系人的知情权、参与权和救济权。履行职责的行政机关工作人员与行政管理相对人存在利害关系时，应当回避。实践中，以保密为由拒绝向相对人提供依法应当提供的相关信息；作出行政决定没有听取相对人的意见和申辩；履行行政职责的行政机关工作人员缺乏回避意识等情况屡见不鲜。这种重实体、轻程序的现象历史上长期存在，行政机关与相对人之间更多地表现为一种命令与服从的关系。改革开放以来，尤其是在全面推进依法治国的进程中，程序正当逐步被提到了应有的位置。程序正当在许多单行法中有着明确的规定。如行政处罚法第四十二条就明确规定，行政机关作出责令停产停业、吊销许可证或者执照、较大数额罚款等行政处罚决定之前，应当告知当事人有要求举行听证的权利；当事人要求听证的，行政机关应当组织听证。党的十八届三中全会更是明确要求："完善行政执法程序，规范执法自由裁量权，加强对行政执法的监督，全面落实行政执法责任制和执法经费由财政保障制度，做到严格规范公正文明执法。"强调程序正义，不仅在于它是法治文明进步的重要成果，而且在于程序正义的维护和实现有助于增强法律实施的可接受性。

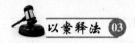

化解矛盾终究须靠法

2005年6月11日凌晨4时30分，为驱赶因征地补偿纠纷而在工地驻守阻止施工的河北省定州市某村部分村民，260余名社会闲散人员携带猎枪、棍棒、铁管、弩等工具，肆意使用暴力进场驱赶、伤害村民，造成6人死亡，15人重伤，多人轻伤、轻微伤的特别严重后果。最终，该案的组织策划者、骨干分子等主要案犯全部被抓获，共有248名犯罪嫌疑人到案。已批捕31人，刑拘131人。该案中定州市原市委书记和某等6人被判处无期徒刑，剥夺政治权利终身；其他被告人分别被判处15年至6年有期徒刑。

定州"6·11"案件是因河北省有史以来投资最大的项目——国华定州发电有限公司征地而引发。国华定州发电公司是国家"十五"时期重点项目，该项目能够落户定州，是经过六届市委、市政府的艰苦努力，历时13年才争取到的。如此一件争取多年才得到的项目，之所以最终引发了特别严重的后果，固然有很多方面的原因所造成，但其中最为直接的一个原因在于，原市委书记和某面临着久拖不决的征地事件，没有"办事依法、遇事找法、解决问题用法、化解矛盾靠法"，而是轻信了"小兄弟"的承诺，适当给村民们一点教训，结果一批社会闲杂人员凌晨闯入现场，场面顿时失控。此时，尽管和某在现场曾带着哭腔劝说不能伤及村民身体要害部位，但也无力回天。事情的最终结局还是回到法律的层面上来解决，但却付出了极其沉痛的代价。

二、培养法治思维和法治方式的基本途径

全面推进依法治国是国家治理领域的一场深刻革命，培养法治思维和法治方式是一项长期的系统工程。实践表明，任何一种思维方式和行为方式的养成，往往都要经历一个深入学习、深刻领会、坚定信念、反复践行、形成习惯，最后升华到品格的过程。法治思维和法治方式的培养，既是个理论问题又是个实践问题，因此更不会例外。

（一）在深入学习中提高认识

通过长期的不懈努力，一个立足中国国情和实际、适应改革开放和社会主义现

代化建设需要、集中体现党和人民意志的，以宪法为统帅，以宪法相关法、民法、商法等多个法律部门的法律为主干，由法律、行政法规、地方性法规与自治条例、单行条例等多层次法律规范构成的中国特色社会主义法律体系已经形成。这个法律体系是法治思维和法治方式的基础内容和基本遵循。因此，培养法治思维和法治方式，必须要结合实际，深入学习宪法和法律的相关规定，切实做到严格依法行使职权、履行职责。

（二）在依法履职中严守底线

党的十八届四中全会明确提出了法治建设的"五项原则"，即坚持中国共产党的领导、坚持人民主体地位、坚持法律面前人人平等、坚持依法治国和以德治国相结合、坚持从中国实际出发，从而为党员干部树立正确的法治理念指明了根本方向，提供了基本遵循。全会还明确要求"行政机关要坚持法定职责必作为，法无授权不可为"。坚持依法履行职责、法无授权不可为是依法行政的底线。行政机关的岗位职责来自于法律授权，必须要牢固树立岗位权力清单意识，在想问题、作决策和办事情中，必须严格遵循法律规则和法定程序，切实做到依法尽职、依法行权。

（三）在依法决策中化解风险

在依法治国不断深入、法律制度不断完备、法律责任日渐明晰的当今，行政机关不依法决策往往成为行政权力运行中的一大风险，成为行政机关承担法律责任、坐上被告席的一大原因。为此，党的十八届四中全会明确提出要健全依法决策机制。各级行政机关及公职人员必须强化责任意识和风险意识，严格遵守重大行政决策法定程序，采取公众参与、专家论证、风险评估、合法性审查、集体讨论决定等法定的程序和办法，确保决策内容合法、程序合法，切实有效防范因决策违法而承担的相应法律责任。

（四）在文明执法中培养品格

依法行政是文明执法的基础和保障，行政公开是文明执法的重要标志。党的十八届三中全会明确要求，"推行地方各级政府及其工作部门权力清单制度，依法公开权力运行流程。完善党务、政务和各领域办事公开制度，推进决策公开、管理公开、服务公开、结果公开"。行政机关及公职人员唯有依据相关法规制度，细化执法操作流程，明确执法权限、坚守法律底线，切实按照法定的许可、收费、检查、征收、处罚和强制等法定权限和程序要求，严格规范和监督执法行为，才能在维护人民群众切身利益的过程中，树立起人民公仆的良好形象，才能有效培养良好的法治思维和法治行为的工作作风与品格。

（五）在接受监督中展示形象

公正执法、带头守法是依法行政的生命力所在。2002年11月召开的党的十六大就明确提出了"加强对执法活动的监督，推进依法行政"。2014年召开的党的十八届四中全会更是明确要求，"必须以规范和约束公权力为重点，加大监督力度，做到有权必有责、用权受监督、违法必追究，坚决纠正有法不依、执法不严、违法不究行为"。强化行政执法监督成为推进依法行政和建设法治政府的一项重要抓手。行政机关及其公职人员在行政执法过程中，要依法自觉接受人大机关的法律监督、上级部门的组织监督、人民政协的民主监督、社会公众的群众监督、相关媒体的舆论监督，通过多种形式了解群众心声，彰显行政执法的公平公正属性，展示依法行政、法治政府的良好形象。

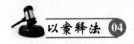

权力不能越出制度的笼子

　　某市发展和改革委员会于2010年7月对10家企业作出废弃食用油脂定点回收加工单位备案，其中包括该市某化工厂和某废油脂回收处理中心。2012年11月，该市某区人民政府发出通知，明确指定该市某再生资源开发有限公司实施全区餐厨废弃物收运处理。该区城市管理局和区商务局于2014年3月发出公函，要求落实文件规定，各生猪屠宰场点必须和某再生资源开发有限公司签订清运协议，否则将进行行政处罚。某新能源有限公司对规定不服，诉至法院，请求撤销该文对某再生资源开发有限公司的指定，并赔偿损失。该市中级人民法院一审认为，被告某区政府在文件中的指定，实际上肯定了某再生资源开发有限公司在该区开展餐厨废弃物业务的资格，构成实质上的行政许可。区城市管理局和区商务局作出的公函已经表明被告的指定行为事实上已经实施。根据行政许可法相关规定，行政机关受理、审查、作出行政许可应当履行相应的行政程序，被告在作出指定前，未履行任何行政程序，故被诉行政行为程序违法。被告采取直接指定的方式，未通过招标等公平竞争的方式，排除了其他可能的市场参与者，构成通过行政权力限制市场竞争，违反了该省餐厨废弃物管理办法第十九条和反垄断法第三十二条的规定。被告为了加强餐厨废弃物处理市场监管的需要，对该市场的正常运行作出必要的规范和限制，但不应在行政公文中采取明确指定某一公司的方式。原告某新能源有限公司对其赔偿请求未提交证据证实，法院对此不予支持。遂判决撤销被告在文件中对某再生资源开发有限公司指定的行政行为，驳回原告的其他诉讼请求。一审宣判后，双方当事人均未上诉。

　　我国法院每年办理的10余万件一审行政案件中，与经济管理和经济领域行政执法密切相关的案件占到30%以上，涉及的领域和类型也越来越丰富。本案是涉及行政垄断的典型案件。行政垄断指行政机关滥用行政权力，违法提高市场准入门槛、违法指定特定企业从事特定业务、违法设置条件限制其他企业参与竞争等行为。它侵犯了市场主体的公平竞争权，对经济活动的正常运行、商品的自由流通乃至政府的内外形象都会造成较大破坏和不利影响，我国反垄断法和反不正当竞争法对此明令禁止。本案中，该区政府在行政公文中直接指定某再生资源开发有限公司，未通过招标等公平竞争方式，排除了其他可能的市场参与者，构成通过行政权力限制市场竞争的违法情形。新修改的行政诉讼法将"滥用行政权力侵犯公平竞争权"明确纳入受案范围，就是为突出行政审判对市场正常竞争秩序的有力维护。随着法治不断进步，公民、法人等各类市场主体在运用行政诉讼法律武器依法维权、监督和规制行政垄断方面，将发挥越来越大的作用。

第四节 "谁执法谁普法"的普法责任制

2015年是全面推进依法治国的开局之年，如何让法治理念、法治思维、法治精神、法治信仰入脑入心，成为全民共识，是深入开展普法教育的关键。中共中央、国务院转发了《中央宣传部、司法部关于在公民中开展法治宣传教育的第七个五年规划（2016—2020年）》提出，实行国家机关"谁执法谁普法"的普法责任制。"谁执法谁普法"，即以法律所调整的社会关系的种类和所涉及的部门、行业为主体，充分发挥行业优势和主导作用，在抓好部门、行业内部法治宣传教育的同时，负责面向重点普法对象，面向社会宣传本部门、本行业所涉及和执行的法律法规。实行"谁执法谁普法"工作原则，是贯彻落实"七五"普法规划的重要举措，有利于充分发挥执法部门、行业职能的优势和主导作用，扩大普法依法治理工作覆盖面，增强法治宣传教育的针对性、专业性，促进执法与普法工作的有机结合，进一步加大普法工作力度，真正形成部门、行业分工负责、各司其职、齐抓共管的大普法工作格局。

一、"谁执法谁普法"是法治国家的新要求

实行国家机关"谁执法谁普法"的普法责任制，建立法官、检察官、行政执法人员、律师等以案释法制度，加强普法讲师团、普法志愿者队伍建设。执法和司法人员普法具有天然的优势。严格执法、公正司法是法治信仰最好的支撑，也是最好的普法实践。将普法与立法、司法、执法关联在一起具有重要的现实意义。法的执行力既需要靠执法机关执法办案，也要靠全民守法来实现。法的贯彻执行需要靠大家守法，守法的前提是普法，让百姓知道法律。"谁执法谁普法"体现了法治中国的新要求，凸显了执法主体对普法的重要责任。执法机关对其执法对象、执法内容、执法当中存在的问题最了解，他们开展普法也更具针对性、及时性、有效性。国家

机关的工作涉及人民群众学习、生活、工作的方方面面，由执法者在为群众办事过程中进行普法教育，更具有亲历性和普及性，更利于人民群众接受。如交警部门宣传交通法规，税务部门宣传税法，劳动保障部门宣传劳动保障的相关法律法规。

二、"谁执法谁普法"指导思想

以党的十八大和十八届三中、四中全会精神及习近平总书记系列重要讲话精神为指导，坚持围绕中心、服务大局，坚持创新形式、注重实效，坚持贴近基层、服务群众，以建立健全法治宣传教育机制为抓手，以开展"学习宪法、尊法守法"等主题活动为载体，通过深入开展法治宣传教育，充分发挥法治宣传教育在法治建设中的基础性作用，进一步形成分工负责、各司其职、齐抓共管的普法工作格局，通过实行"谁执法谁普法"教育活动，普及现有法律法规，提升执法人员的法治观念和行政执法水平，增强相关法治主体的法律意识，营造全社会关注、关心法治的浓厚氛围，推动形成自觉守法用法的社会环境，为经济建设营造良好的法治环境。

三、"谁执法谁普法"工作原则

（一）坚持执法办案与普法宣传相结合的原则

使普法宣传教育渗透执法办案全过程，利用以案释法、以案普法、以案学法等方式普及法律常识，通过文明执法促进深度普法，通过广泛普法促进文明执法。在各行业监管中，以行政执法、公众参与、以案释法为导向，形成行政执法人员以案释法工作长效机制，实行长态化普法。在执法工作中，要加大对案件当事人的法律宣传教育，只有在当事人中积极进行法律知识和典型案例的宣传，才能起到事半功倍的宣传效果，才能让广大群众更为有效地学习法律知识，才能从实际案件中学法、懂法、用法，有效维护自身权利。

（二）坚持日常宣传与集中宣传相结合的原则

各机关单位根据担负职能和工作特点，在广泛开展法治宣传的同时，以各自业务领域为主要方向，结合"宪法法律宣传月"和"3·15""12·4"法治宣传日等特殊时段和节点。面向执法对象、服务对象和社会公众开展广泛的群众性法治宣传活动。开展各类重点突出、针对性强的集中法治宣传活动，切实增强工作的实效性。

（三）坚持上下联动和属地管理相结合的原则

强化上级部门对下级部门、主管部门对下属单位的指导，坚持市、县、乡三级联动普法。落实普法工作属地管理责任，强化地方党委政府对部门普法工作的监督考核，努力形成党委领导、人大监督、政府实施、政协支持、各部门协作配合、全社会共同参与的法治宣传教育新格局。

四、"谁执法谁普法"的主要任务

（一）切实落实普法工作责任制

"谁执法谁普法"工作责任主体要结合自身实际，将普法工作纳入全局工作统筹安排，制订切实可行的年度普法工作计划。健全完善普法领导机制，明确领导职责，加强普法办公室的建设，保证普法工作所需人员和经费。

（二）着力强化法律法规宣传教育

1.认真开展面向社会的普法活动

结合"12·4"国家宪法日、"4·7"世界卫生日、"7·11"世界人口日等各种主题活动，通过集中宣传咨询、印发资料、LED屏滚动播出等方式，以及网站、微信、微博、广播、电视、报刊等传播平台，围绕行业普法工作重点以及群众关心的热点问题和行业执法工作的重点，开展面向大众的法治宣传教育活动。

2.扎实做好系统内人员的法治教育

以社会主义法治理念、宪法和国家基本法律法规、依法行政以及反腐倡廉、预防职务犯罪等法律知识为重点，把法治教育与政治理论教育、理想信念教育、职业道德教育、党的优良传统和作风教育结合起来，通过集中办班、举办讲座、召开研讨交流会、组织或参加法律知识考试、自学等方式，加大系统内工作人员法治学习力度，不断增强领导干部和工作人员的法治理念、法律素养和依法行政、依法管理的能力。

（三）大力推进普法执法有机融合

寓普法于执法之中，把普法与执法紧密结合起来，使执法过程成为最生动的普法实践，大力促进普法与执法的有机融合。让法治宣传渗透执法办案的各环节、全过程，利用以案释法、现身说法等形式向社会大众传播法律、宣传法律，通过深化普法，预防违法行为，减少执法阻力，巩固执法成果。

（四）全面建立以案释法制度体系

1.建立典型案例评选制度

以案释法是利用身边或实际生活中发生的案例诠释法律的过程，要精心筛选具有重大典型教育意义、社会关注度高、与群众关系密切的"身边的案例""成熟的案例""针对性强的案例"，作为释法重点。定期开展行政执法案卷质量评查活动，评选出具有行业特点且与社会大众生活健康息息相关的典型案例。

2.建立典型案例传播制度

通过在部门网站设立以案释法专栏、免费发放典型案例宣传册等方式，以案释法、以案讲法，让公众进一步了解事实认定、法律适用的过程，了解案件审理、办结的情况。加强与新闻媒体的联系协调，推动落实新闻媒体的公益普法责任，充分发挥新闻媒体的法治传播作用。探索与媒体合作举办以案释法类节目，邀请媒体参与执法，积极引导社会法治风尚，增强法治宣传的传播力和影响力。

3.建立以案释法公开告知制度

在执法过程中，即时告知执法的法律依据，让行政相对人充分了解有关法律规定，知晓自身行为的违法性、应受到的处罚以及维权救济途径。有针对性地分行业定期举办执法相对人法律法规知识培训，通过强化岗前培训、岗位复训、分层培训，切实提高从业人员自身素质和法治意识。与社区合作，通过举办法治讲座、法律讲堂和开展送法进社区等形式，深入浅出地宣传法律及执法情况，释疑解惑，为各类普法对象宣讲典型案例，以身边人说身边事，用身边事教育身边人，推动法治宣传教育贴近基层、贴近百姓、贴近生活。

五、"谁执法谁普法"的工作要求

（一）高度重视，提高认识

充分认识法治宣传教育对全面推进法治建设的重要意义，实行国家机关"谁执法谁普法"的普法责任制是党的十八届四中全会提出的推动全社会树立法治意识的重要举措，也是推动"七五"普法决议落实、全面完成"七五"普法规划的工作要求。要充分认识开展这项工作的重要性和艰巨性，坚持把全民普法和守法作为依法治国的长期基础性工作，常抓不懈，把落实普法责任作为一项基本的职能工作。

（二）加强领导，明确责任

"谁执法谁普法"是一项涉及面广、工作要求高的系统工程，各单位和部门应按照中央的要求，切实加强对"谁执法谁普法"工作的组织领导，具体抓好落实。要明确工作目标、细化工作方案、创新工作举措、落实工作责任，确保"谁执法谁普法"工作落到实处，见到实效。

（三）创新模式，增强实效

充分发挥主导作用和职能优势，全面结合职责范围、行业特点、普法对象的实际情况和依法治理需要及社会热点，及时跟进相关法律法规的重点宣传。发挥广播、电视、报刊、网络和移动通讯等大众媒体的重要作用，用群众喜闻乐见、寓教于乐的形式突出以案释法、以案普法等，通过多种形式创新开展有特色、有影响、有实效的法治宣传。

（四）强化考核，落实责任

将"谁执法谁普法"工作落实情况纳入依法治理的目标绩效考核，同时对普法宣传工作进行督查，对采取措施不得力、工作不到位、目标未完成的单位予以督促并统一纳入年终考核评价体系，对工作突出的先进集体和先进个人予以表扬。

第二章

宪　法

导　读

　　宪法是国家的根本大法。它规定了社会各阶级在国家中的地位，是新时期党和国家的中心工作、基本原则、重大方针、重要政策在国家法制上的最高体现，是国家的根本法和治国安邦的总章程。

　　我国现行宪法符合国情、符合实际、符合时代发展要求，充分体现了人民共同意志、充分保障了人民民主权利、充分维护了人民根本利益，是推动国家发展进步、保障人民生活幸福、保障中华民族实现伟大复兴的根本制度。

　　宪法具有最高的法律效力，任何组织和个人都必须尊重宪法法律权威，都必须在宪法法律范围内活动，都必须依照宪法法律行使权力或权利、履行职责或义务，都不得有超越宪法法律的特权。

第一节　概述

一、宪法是国家的根本大法

　　宪法是规定国家根本制度和根本任务，规定国家机关的组织与活动的基本原则，确认和保障公民基本权利，集中表现各种政治力量对比关系的国家根本法。

　　宪法的根本性表现在以下四个方面：

　　第一，在内容上，宪法规定国家的根本制度、政权组织形式、国家结构形式、公民基本权利和基本义务、宪法实施的保障等内容，反映一个国家政治、经济、文化和社会生活的基本方面。

　　第二，在效力上，宪法在整个法律体系中处于最高的地位，具有最高效力。它是其他法律的立法依据，其他的一般法律都不得抵触宪法。

第三，在规范性上，宪法是各政党、一切国家机关、武装力量、社会团体和全体公民的最根本的行为准则。

第四，在修改程序上，宪法的制定和修改程序比其他一般法律的程序更为严格。

二、我国宪法的地位

中华人民共和国成立后，国家先后颁行了四部宪法。我国的现行宪法是在1982年通过的，至今已经进行了四次修改。

宪法以法律的形式确认了我国各族人民奋斗的成果，规定了国家的根本制度、根本任务和国家生活中最重要的原则，具有最大的权威性和最高的法律效力。全国各族人民、一切国家机关和武装力量、各政党和各社会团体、各企业事业组织，都必须以宪法为根本的活动准则，并负有维护宪法尊严、保证宪法实施的职责。作为根本法的宪法，是中国特色社会主义法律体系的重要组成部分，也是法律体系最核心和最重要的内容。

三、宪法的指导思想

宪法指导思想的明确，经历了一个逐步发展完善的过程。

第一阶段：四项基本原则。

1982年现行宪法制定，确立宪法的指导思想是四项基本原则，即坚持社会主义道路，坚持人民民主专政，坚持中国共产党的领导，坚持马克思列宁主义、毛泽东思想。

第二阶段：建设有中国特色社会主义的理论和党的基本路线。

1993年第二次修宪，以党的十四大精神为指导，突出了建设有中国特色社会主义的理论和党的基本路线。

第三阶段：增加邓小平理论。

1999年第三次修宪，将邓小平理论写入宪法，确立邓小平理论在国家中的指导思想地位。

第四阶段：增加"三个代表"重要思想。

2004年第四次修宪，将"三个代表"重要思想载入宪法，确立其在国家中的指导思想地位。

四、宪法基本原则

（一）人民主权原则

宪法第二条第一款规定："中华人民共和国的一切权力属于人民。""一切权力属于人民"是无产阶级在创建无产阶级政权过程中，在批判性地继承资产阶级民主思想的基础上，对人民主权原则的创造性运用和发展。

（二）基本人权原则

我国宪法第二章"公民的基本权利和义务"专章规定和列举了公民的基本权利，

体现了对公民的宪法保护。2004年的宪法修正案把"国家尊重和保障人权"写入宪法，将中国的宪政发展向前推进了一大步。

（三）法治原则

宪法第五条第一款规定了"中华人民共和国实行依法治国，建设社会主义法治国家"，在宪法上正式确立了法治原则。宪法还规定，一切国家机关和武装力量、各政党和各社会团体、各企业事业组织都必须遵守宪法和法律；一切违反宪法和法律的行为，必须予以追究；任何组织和个人都不得有超越宪法和法律的特权。

（四）民主集中制原则

宪法第三条第一款规定："中华人民共和国的国家机构实行民主集中制的原则。"这既是我国国家机构的组织和活动原则，也是我国宪法的基本原则。

五、宪法确定的国家根本任务

宪法确定的国家的根本任务是：沿着中国特色社会主义道路，集中力量进行社会主义现代化建设。中国各族人民将继续在中国共产党领导下，在马克思列宁主义、毛泽东思想、邓小平理论和"三个代表"重要思想指引下，坚持人民民主专政，坚持社会主义道路，坚持改革开放，不断完善社会主义的各项制度，发展社会主义市场经济，发展社会主义民主，健全社会主义法制，自力更生，艰苦奋斗，逐步实现工业、农业、国防和科学技术的现代化，推动物质文明、政治文明和精神文明协调发展，把我国建设成为富强、民主、文明的社会主义国家。

 以案释法 05

一切违反宪法和法律的行为都必须予以追究

2014年8月12日凌晨，公安分局民警在处理一起纠纷案件时，发现人大代表张某涉嫌酒后驾车。随后，前来处理的松江交警支队民警对其进行酒精呼气测试，结果为136mg/100mL。另经司法鉴定中心检验和鉴定，张某的血液中乙醇浓度为1.25mg/mL，达到了醉酒状态。经过侦查，警方认定张某涉嫌危险驾驶罪，根据刑事诉讼法第一百零七条的规定，公安分局决定对张某采取刑事强制措施。由于张某有县人大代表的身份，8月14日，公安分局向该县人大常委会发去关于提请批准对涉嫌危险驾驶罪的县人大代表张某采取刑事拘留强制措施的函。10月24日，县十六届人大常委会二十五次会议听取和审议了关于提请许可对县第十六届人大代表张某采取刑事拘留强制措施并暂停其执行代表职务的议案，并依法进行表决。常委会组成人员21名，实到会17名，表决结果：赞成8票，反对1票，弃权8票。因票数未过常委会组成人员的半数，该议案未获通过。11月27日，警方再次提请许可的申请，该县人大常委会会议审议通过了再次提请议案，许可公安分局对张某采取刑事拘留强制措施，并从当日起暂时停止其执行代表职务。

 释解

宪法第五条第四款规定："一切国家机关和武装力量、各政党和各社会团体、各企业事业组织都必须遵守宪法和法律。一切违反宪法和法律的行为，必须予以追究。"在我国，任何组织或者个人都不得有超越宪法和法律的特权。从人大代表履职需要出发，我国相关法律赋予人大代表以特别的人身保障权，但法律保护的是人大代表的合法权益而不是违法行为。人大代表身份不能成为违法犯罪行为的"护身符"，本案的侦办体现了"一切违反宪法和法律的行为，必须予以追究"的宪法规定在司法实践中得到严格执行。

第二节　我国的基本政治经济制度

一、我国的基本政治制度

（一）人民民主专政

宪法所称的国家性质又称国体，是指国家的阶级本质，反映社会各阶级在国家中的地位，体现该国社会制度的根本属性。

我国宪法第一条第一款规定"中华人民共和国是工人阶级领导的、以工农联盟为基础的人民民主专政的社会主义国家"，即人民民主专政是我国的国体。这一国体需要从以下方面理解：

第一，工人阶级的领导是人民民主专政的根本标志。工人阶级的领导地位是由工人阶级的特点、优点和担负的伟大历史使命所决定的。工人阶级对国家的领导是通过自己的先锋队——中国共产党来实现的。

第二，人民民主专政包括对人民实行民主和对敌人实行专政两个方面。在人民内部实行民主是实现对敌人专政的前提和基础，而对敌人实行专政又是人民民主的有力保障，两者是辩证统一的关系。人民民主专政实质上就是无产阶级专政。

第三，共产党领导下的多党合作与爱国统一战线是中国人民民主专政的主要特色。爱国统一战线是指由中国共产党领导的，由各民主党派参加的，包括社会主义劳动者、社会主义事业的建设者、拥护社会主义的爱国者和拥护祖国统一的爱国者组成的广泛的政治联盟。目前我国爱国统一战线的任务是为社会主义现代化建设服务，为实现祖国统一大业服务，为维护世界和平服务。

（二）人民代表大会制度

人民代表大会制度是中国人民民主专政的政权组织形式（政体），是中国的根本政治制度。

1. 人民代表大会制度的主要内容

国家的一切权力属于人民。人民行使国家权力的机关是全国人大和地方各级人大。各级人大都由民主选举产生，对人民负责，受人民监督。人大及其常委会集体行使国家权力，集体决定问题，严格按照民主集中制的原则办事。国家行政机关、审判机关、检察机关都由人大产生，对它负责，向它报告工作，受它监督。全国人大是最高国家权力机关，地方各级人大是地方国家权力机关。全国人大和地方各级人大各自按照法律规定的职权，分别审议决定全国的和地方的大政方针。全国人大对地方人大不是领导关系，而是法律监督关系、选举指导关系和工作联系关系。

2. 人民代表大会制度的优越性

人民代表大会制度是适合我国国情的根本政治制度，它直接体现我国人民民主专政的国家性质，是建立我国其他国家管理制度的基础。它有利于保证国家权力体现人民的意志；它有利于保证中央和地方国家权力的统一；它有利于保证我国各民族的平等和团结。

总之，我国人民代表大会制度能够确保国家权力掌握在人民手中，符合人民当家作主的宗旨，适合我国的国情。

（三）中国共产党领导的多党合作和政治协商制度

中国共产党领导的多党合作和政治协商制度是中华人民共和国的一项基本的政治制度，是具有中国特色的政党制度。这种政党制度是由中国人民民主专政的国家性质决定的。

1. 多党合作制度的基本内容

中国共产党是执政党，各民主党派是参政党，中国共产党和各民主党派是亲密战友。中国共产党是执政党，其执政的实质是代表工人阶级及广大人民掌握人民民主专政的国家政权。各民主党派是参政党，具有法律规定的参政权。其参政的基本点是：参加国家政权，参与国家大政方针和国家领导人人选的协商，参与国家事务的管理，参与国家方针、政策、法律、法规的制定和执行。中国共产党和各民主党派合作的首要前提和根本保证是坚持中国共产党的领导和坚持四项基本原则。中国共产党与各民主党派合作的基本方针是"长期共存，互相监督，肝胆相照，荣辱与共"。中国共产党和各民主党派以宪法和法律为根本活动准则。

2. 多党合作的重要机构

中国人民政治协商会议，简称"人民政协"或"政协"，是中国共产党领导的多党合作和政治协商的重要机构，也是中国人民爱国统一战线组织。中国人民政治协商会议是在中国共产党领导下，由中国共产党、各个民主党派、无党派民主人士、人民团体、各少数民族和各界的代表，台湾同胞、港澳同胞和归国侨胞的代表，以及特别邀请的人士组成，具有广泛的社会基础。

人民政协的性质决定了它与国家机关的职能是不同的。人民政协围绕团结和民主两大主题履行政治协商、民主监督和参政议政的职能。

（四）民族区域自治制度

民族区域自治制度，是指在国家统一领导下，各少数民族聚居的地方实行区域自治，设立自治机关，行使自治权的制度。

1.自治机关

民族自治地方按行政地位，分为自治区、自治州、自治县。自治区相当于省级行政单位，自治州是介于自治区与自治县之间的民族自治地方，自治县相当于县级行政单位。民族自治地方的自治机关是自治区、自治州、自治县的人大和人民政府。民族自治地方的自治机关实行人民代表大会制度。

2.自治权

民族自治地方的自治权有以下几个方面：

（1）民族立法权。民族自治地方的人大有权依照当地的政治、经济和文化的特点，制定自治条例和单行条例。

（2）变通执行权。上级国家机关的决议、决定、命令和指标，如果不适合民族自治地方实际情况，自治机关可以报经上级国家机关批准，变通执行或者停止执行。

（3）财政经济自主权。凡是依照国家规定属于民族自治地方的财政收入，都应当由民族自治地方的自治机关自主安排使用。

（4）文化、语言文字自主权。民族自治地方的自治机关在执行公务的时候，依照本民族自治地方自治条例的规定，使用当地通用的一种或者几种语言文字。

（5）组织公安部队权。民族自治地方的自治机关依照国家的军事制度和当地的实际需要，经国务院批准，可以组织本地方维护社会治安的公安部队。

（6）少数民族干部具有任用优先权。

（五）基层群众自治制度

基层群众自治制度是指人民依法组成基层自治组织，行使民主权利，管理基层公共事务和公益事业，实行自我管理、自我服务、自我教育、自我监督的一项制度。

中国的基层群众自治制度，是在新中国成立后的民主实践中逐步形成的。党的十七大将"基层群众自治制度"首次写入党代会报告，正式与人民代表大会制度、中国共产党领导的多党合作和政治协商制度、民族区域自治制度一起，纳入了中国特色政治制度范畴。

我国的基层群众自治组织主要是居民委员会和村民委员会。

二、我国的基本经济制度

（一）所有制度

1. 我国的所有制结构概述

我国的所有制结构是公有制为主体、多种所有制经济共同发展。这是我国社会主义初级阶段的一项基本经济制度，它的确立是由我国的社会主义性质和初级阶段的国情决定的。我国是社会主义国家，必须坚持把公有制作为社会主义经济制度的基础。我国处在社会主义初级阶段，需要在公有制为主体的条件下发展多种所有制经济。一切符合"三个有利于"的所有制形式都可以而且应该用来为社会主义服务。我国社会主义建设正反两方面的经验都表明必须坚持以公有制为主体、多种所有制经济共同发展。

2. 公有制

（1）公有制的内容。公有制是生产资料归劳动者共同所有的所有经济结构形式，包括全民所有制和集体所有制。全民所有制经济即国有经济，是国民经济的主导力量。国家保障国有经济的巩固和发展。集体所有制经济是国民经济的基础力量。国家保护城乡集体经济组织的合法的权利和利益，鼓励、指导和帮助集体经济的发展。

（2）公有制的地位。公有制是我国所有制结构的主体，它的主体地位体现在：第一，就全国而言，公有资产在社会总资产中占优势；第二，国有经济控制国民经济的命脉，对经济发展起主导作用。国有经济的主导作用主要体现在控制力上，即体现在控制国民经济发展方向，控制经济运行的整体态势，控制重要稀缺资源的能力上。在关系国民经济的重要行业和关键领域，国有经济必须占支配地位。

（3）公有制的作用。生产资料公有制是社会主义的根本经济特征，是社会主义经济制度的基础，是国家引导、推动经济和社会发展的基本力量，是实现最广大人民群众根本利益和共同富裕的重要保证。坚持公有制为主体，国有经济控制国民经济命脉，对发挥社会主义制度的优越性，增强我国的经济实力、国防实力和民族凝聚力，提高我国国际地位，具有关键性作用。

3. 非公有制

非公有制经济是我国现阶段除了公有制经济形式以外的所有经济结构形式，主要包括个体经济、私营经济、外资经济等。

（1）个体经济，是由劳动者个人或家庭占有生产资料，从事个体劳动和经营的所有制形式。它是以劳动者自己劳动为基础，劳动成果直接归劳动者所有和支配。

（2）私营经济，是以生产资料私有和雇佣劳动为基础，以取得利润为目的的所有制形式。

（3）外资经济，是我国发展对外经济关系，吸引外资建立起来的所有制形式。

它包括中外合资经营企业、中外合作经营企业中的境外资本部分，以及外商独资企业。

非公有制经济是我国社会主义市场经济的重要组成部分，国家保护个体经济、私营经济等非公有制经济的合法权利和利益，鼓励、支持和引导非公有制经济的发展，并对非公有制经济依法实行监督和管理。

（二）分配制度

我国现行的分配制度是以按劳分配为主体、多种分配方式并存的分配制度。这种分配制度是由我国社会主义初级阶段的生产资料所有制结构、生产力的发展水平，以及人们劳动差别的存在决定的，同时也是发展社会主义市场经济的客观要求。

按劳分配的主体地位表现在：（1）全社会范围的收入分配中，按劳分配占最大比重，起主要作用；（2）公有制经济范围内劳动者总收入中，按劳分配收入是最主要的收入来源。除了按劳分配以外，其他分配方式主要还包括按经营成果分配；按劳动、资本、技术、土地等其他生产要素分配。

第三节　公民的基本权利和义务

一、公民的基本权利

公民的基本权利是由一国的宪法规定的公民享有的，主要的、必不可少的权利，故有些国家又把公民的基本权利称为宪法权。

（一）平等权

宪法第三十三条第二款规定："中华人民共和国公民在法律面前一律平等。"这既是我国社会主义法治的一项重要原则，也是我国公民的一项基本权利。其含义有以下几点：第一，我国公民不分民族、种族、性别、职业、家庭出身、宗教信仰、教育程度、财产状况、居住期限，一律平等地享有宪法和法律规定的权利并平等地承担相应的义务；第二，国家机关对公民平等权利进行保护，对公民履行义务平等进行约束；第三，所有公民在适用法律上一律平等，不允许任何组织和个人有超越宪法和法律之上的特权；第四，法律面前一律平等还包括民族平等和男女平等。

（二）政治权利和自由

1.选举权与被选举权

宪法第三十四条规定："中华人民共和国年满十八周岁的公民，不分民族、种族、性别、职业、家庭出身、宗教信仰、教育程度、财产状况、居住期限，都有选举权和被选举权；但是依照法律被剥夺政治权利的人除外。"选举权与被选举权包含以下内容：公民有权按照自己的意愿选举人民代表；公民有被选举为人民代表的权利；

公民有依照法定程序罢免那些不称职的人民代表的权利。

选举权和被选举权是公民参加国家管理的一项最基本的政治权利，也是最能体现人民群众当家作主的一项权利。

2. 言论、出版、集会、结社、游行、示威的自由

宪法第三十五条规定："中华人民共和国公民有言论、出版、集会、结社、游行、示威的自由。"言论自由就是宪法规定公民通过口头或书面形式表达自己意见的自由。出版自由是公民以出版物形式表达其思想和见解的自由。集会自由是指公民享有宪法赋予的聚集在一定场所商讨问题或表达意愿的自由。结社自由是公民为一定宗旨，依照法定程序组织或参加具有连续性的社会团体的自由。游行自由是指公民采取列队行进的方式来表达意愿的自由。示威自由是指通过集会或游行、静坐等方式表达强烈意愿的自由。

我国宪法一方面保障公民享有集会、游行、示威等自由，另一方面也规定了公民应当遵守有关的法律规定。

（三）宗教信仰自由

宪法第三十六条第一款规定："中华人民共和国公民有宗教信仰自由。"尊重和保护宗教信仰自由，是我们党和国家长期的基本政策。

（四）人身自由

宪法第三十七条规定："中华人民共和国公民的人身自由不受侵犯。任何公民，非经人民检察院批准或者决定或者人民法院决定，并由公安机关执行，不受逮捕。禁止非法拘禁和以其他方法非法剥夺或者限制公民的人身自由，禁止非法搜查公民的身体。"

人身自由有广义、狭义之分。狭义的人身自由是指公民的身体自由不受侵犯。广义的人身自由还包括公民的人格尊严不受侵犯、公民的住宅不受侵犯、公民的通信自由和通信秘密受法律保护。

人身自由不受侵犯，是公民最起码、最基本的权利，是公民参加各种社会活动和享受其他权利的先决条件。

（五）监督权

监督权是指宪法赋予公民监督国家机关及其工作人员的活动的权利，包括：

批评权。公民有对国家机关和国家工作人员工作中的缺点和错误提出批评意见的权利。

建议权。公民有对国家机关和国家工作人员的工作提出合理化建议的权利。

控告权。公民对任何国家机关和国家工作人员的违法失职行为有向有关机关进行揭发和指控的权利。

检举权。公民对于违法失职的国家机关和国家工作人员，有向有关机关揭发事

实，请求依法处理的权利。

申诉权。公民的合法权益因行政机关或司法机关作出的错误的、违法的决定或裁判，或者因国家工作人员的违法失职行为而受到侵害时，有向有关机关申诉理由、要求重新处理的权利。

（六）社会经济权利

劳动权。劳动权是指有劳动能力的公民有获得工作并取得相应报酬的权利。

休息权。休息权是为保护劳动者的身体健康和提高劳动效率而休息的权利。

退休人员生活保障权。退休人员生活保障权是指退休人员的生活受到国家和社会保障的权利。

获得物质帮助权。获得物质帮助权是指公民在年老、疾病或者丧失劳动能力的情况下，有从国家和社会获得物质帮助的权利。

（七）文化教育权利

公民有受教育的权利。公民享有从国家接受文化教育的机会和获得受教育的物质帮助的权利。

公民有进行科研、文艺创作和其他文化活动的自由。我国宪法规定，公民有进行科学研究、文学艺术创作和其他文化活动的自由。国家对于从事教育、科学、技术、文学、艺术和其他文化事业的公民的有益于人民的创造性工作，给以鼓励和帮助。

（八）对社会特定人的权利的保护

国家保护妇女的权利和利益。宪法第四十八条规定："中华人民共和国妇女在政治的、经济的、文化的、社会的和家庭的生活等各方面享有同男子平等的权利。国家保护妇女的权利和利益，实行男女同工同酬，培养和选拔妇女干部。"

婚姻、家庭、老人和儿童受国家的保护。宪法第四十九条规定，婚姻、家庭、母亲和儿童受国家的保护；禁止破坏婚姻自由，禁止虐待老人、妇女和儿童。

国家保护华侨、归侨和侨眷的权利和利益。宪法第五十条规定："中华人民共和国保护华侨的正当的权利和利益，保护归侨和侨眷的合法的权利和利益。"

二、公民的基本义务

宪法规定的公民基本义务包括：

第一，维护国家统一和各民族团结的义务。宪法第五十二条规定："中华人民共和国公民有维护国家统一和全国各民族团结的义务。"

第二，遵纪守法和尊重社会公德的义务。宪法第五十三条规定："中华人民共和国公民必须遵守宪法和法律，保守国家秘密，爱护公共财产，遵守劳动纪律，遵守公共秩序，尊重社会公德。"

第三，维护祖国的安全、荣誉和利益的义务。宪法第五十四条规定："中华人民共和国公民有维护祖国的安全、荣誉和利益的义务，不得有危害祖国的安全、荣誉和利益的行为。"

第四，保卫祖国，依法服兵役和参加民兵组织。宪法第五十五条规定："保卫祖国、抵抗侵略是中华人民共和国每一个公民的神圣职责。依照法律服兵役和参加民兵组织是中华人民共和国公民的光荣义务。"

第五，依法纳税的义务。宪法第五十六条规定："中华人民共和国公民有依照法律纳税的义务。"

第六，其他义务。宪法规定的公民基本义务还包括：劳动的义务、受教育的义务、夫妻双方有实行计划生育的义务、父母有抚养教育未成年子女的义务以及成年子女有赡养扶助父母的义务等。

第四节　国家机构的设置及功能

一、国家机构的概述

国家机构是国家为了实现其职能而建立起来的国家机关的总和。我国国家机构由权力机关、行政机关、军事机关、审判机关、检察机关组成。我国国家机构的组织和活动有五大原则：一是民主集中制原则；二是联系群众，为人民服务原则；三是社会主义法治原则；四是责任制原则；五是精简和效率原则。

二、权力机关

（一）全国人大及其常委会

1. 全国人大

全国人大是全国最高的权力机关、立法机关，不只是在权力机关中的地位最高，而且在所有的国家机关中地位最高。全国人大由省、自治区、直辖市、特别行政区和军队选出的代表组成。各少数民族都应当有适当名额的代表。全国人大每届任期五年。

全国人大的主要职权：

立法权。修改宪法，制定和修改刑事、民事、国家机构的和其他的基本法律。

任免权。选举、决定和任免最高国家机关领导人和有关组成人员。

决定权。决定国家重大事务。

监督权。监督宪法和法律的实施，监督最高国家机关的工作。

2. 全国人大常委会

全国人大常委会是全国人大的常设机关，是最高国家权力机关的组成部分，在全国人大闭会期间，行使最高国家权力。全国人大常委会对全国人大负责并报告工作。全国人大选举并有权罢免全国人大常委会的组成人员。全国人大常委会每届任期同全国人大每届任期相同，它行使职权到下届全国人大选出新的常委会为止。

（二）地方各级人大及人大常委会

地方各级人大是地方权力机关。省、直辖市、自治区、县、市、市辖区、乡、民族乡、镇设立人大。县级以上的地方各级人大设立常委会，作为本级人大的常设机关。县级以上地方各级人大及其常委会委员每届任期五年。

（三）民族自治地方各级人大及人大常委会

民族自治地方的权力机关是自治区、自治州、自治县的人民代表大会。

民族自治地方的人民代表大会有权依照当地民族的政治、经济和文化的特点，制定自治条例和单行条例。自治区的自治条例和单行条例，报全国人民代表大会常务委员会批准后生效。自治州、自治县的自治条例和单行条例，报省或者自治区的人民代表大会常务委员会批准后生效，并报全国人民代表大会常务委员会备案。

三、国家主席

国家主席是我国国家机构体系中的一个国家机关，和全国人大常委会结合起来行使国家职权，对外代表中华人民共和国。

国家主席、副主席，由全国人大选举产生，任期是五年，连续任期不得超过两届。

国家主席根据全国人民代表大会的决定和全国人民代表大会常务委员会的决定，公布法律，任免国务院总理、副总理、国务委员、各部部长、各委员会主任、审计长、秘书长，授予国家的勋章和荣誉称号，发布特赦令，宣布进入紧急状态，宣布战争状态，发布动员令。

国家主席代表中华人民共和国进行国事活动，接受外国使节；根据全国人民代表大会常务委员会的决定，派遣和召回驻外全权代表，批准和废除同外国缔结的条约和重要协定。

四、行政机关

（一）国务院

国务院即中央人民政府，是国家最高行政机关，是国家最高权力机关的执行机关，统一领导全国各级行政机关的工作。

国务院由总理、副总理、国务委员、各部部长、各委员会主任、审计长、秘书长组成，国务院组成人员的任期为五年，总理、副总理、国务委员的连续任期不得超过两届。

国务院向全国人大及其常委会负责并报告工作，总理领导国务院的工作，副总理、国务委员协助总理工作。

国务院行使以下职权：（1）根据宪法和法律，规定行政措施，制定行政法规，发布决定和命令；（2）向全国人民代表大会或者全国人民代表大会常务委员会提出议案；（3）规定各部和各委员会的任务和职责，统一领导各部和各委员会的工作，并且领导不属于各部和各委员会的全国性的行政工作；（4）统一领导全国地方各级国家行政机关的工作，规定中央和省、自治区、直辖市的国家行政机关的职权的具体划分；（5）编制和执行国民经济和社会发展计划和国家预算；（6）领导和管理经济工作和城乡建设；（7）领导和管理教育、科学、文化、卫生、体育和计划生育工作；（8）领导和管理民政、公安、司法行政和监察等工作；（9）管理对外事务，同外国缔结条约和协定；（10）领导和管理国防建设事业；（11）领导和管理民族事务，保障少数民族的平等权利和民族自治地方的自治权利；（12）保护华侨的正当的权利和利益，保护归侨和侨眷的合法的权利和利益；（13）改变或者撤销各部、各委员会发布的不适当的命令、指示和规章；（14）改变或者撤销地方各级国家行政机关的不适当的决定和命令；（15）批准省、自治区、直辖市的区域划分，批准自治州、县、自治县、市的建置和区域划分；（16）依照法律规定决定省、自治区、直辖市的范围内部分地区进入紧急状态；（17）审定行政机构的编制，依照法律规定任免、培训、考核和奖惩行政人员；（18）全国人民代表大会和全国人民代表大会常务委员会授予的其他职权。

（二）地方各级人民政府

地方各级人民政府是地方国家行政机关，也是地方各级人大的执行机关。地方各级人民政府对本级人大和上一级国家行政机关负责并报告工作。县级以上的地方各级人民政府在本级人大闭会期间，对本级人大常委会负责并报告工作。地方各级人民政府都受国务院统一领导，负责组织和管理本行政区域的各项行政事务。

（三）民族自治地方各级人民政府

民族自治地方的行政机关是自治区、自治州、自治县的人民政府。民族自治地方各级人民政府行使宪法规定的地方各级人民政府的职权，同时依照宪法、民族区域自治法和其他法律规定的权限行使自治权，根据本地方实际情况贯彻执行国家的法律、政策。

五、军事机关

中央军委是中国共产党领导下的最高军事领导机关，统率全国武装力量（解放军、武装警察部队、民兵、预备役）。

中央军委由主席、副主席、委员组成，实行主席负责制。主席由全国人大选举产生，副主席和委员根据主席的提名由大会决定，大会闭会期间由人大常委会决定。中央军委的委员每届任期五年，主席和副主席可以终身任职。

中央军委实行主席负责制，军委主席直接对全国人大及其常委会负责。

六、审判机关

人民法院是国家的审判机关，依法独立行使审判权，不受行政机关、团体和个人的非法干预。人民法院体系由最高人民法院、地方人民法院（高级人民法院、中级人民法院、基层人民法院）、专门人民法院（军事法院、海事法院、铁路运输法院）构成。

最高人民法院是国家最高的审判机关，地方人民法院是地方的审判机关，专门人民法院是专门审判机关。最高人民法院监督地方各级人民法院和专门人民法院的审判工作，上级人民法院监督下级人民法院的审判工作。

最高人民法院对全国人大和全国人大常委会负责。地方各级人民法院对产生它的国家权力机关负责。

最高人民法院由院长、副院长、庭长、副庭长、审判员等若干人组成。最高人民法院的院长由全国人大选举产生，任期五年，连任不得超过两届。

七、检察机关

人民检察院是国家的法律监督机关，依法独立行使检察权，不受行政机关、社会团体和个人的干涉。

人民检察院体系由最高人民检察院、地方人民检察院和专门人民检察院构成。

最高人民检察院是最高法律监督机关，领导地方各级人民检察院和专门人民检察院的工作，上级人民检察院领导下级人民检察院的工作。

最高人民检察院对全国人大及其常委会负责。地方各级人民检察院对产生它的国家权力机关和上级人民检察院负责。

全国人大选举产生最高人民检察院检察长；根据最高人民检察院检察长的提请，全国人大常委会任免最高人民检察院副检察长、检察员、检察委员会委员和军事检察院检察长，并且批准省、自治区、直辖市的人民检察院检察长的任免。

第五节　国家宪法日和宪法宣誓制度

一、国家宪法日
（一）国家宪法日的设立

党的十八届四中全会通过的《中共中央关于全面推进依法治国若干重大问题的决定》提出，将每年12月4日定为国家宪法日。2014年11月1日，十二届全国人大常委会十一次会议通过的《全国人民代表大会常务委员会关于设立国家宪法日的决定》，正式将12月4日设立为国家宪法日；决定在宪法日，国家通过多种形式开展宪法宣传教育活动。

（二）国家宪法日的设立目的及意义

宪法是国家的根本法，是治国安邦的总章程，具有最高的法律地位、法律权威和法律效力。全面贯彻实施宪法，是全面推进依法治国、建设社会主义法治国家的首要任务和基础性工作。全国各族人民、一切国家机关和武装力量、各政党和各社会团体、各企业事业组织，都必须以宪法为根本的活动准则，并且负有维护宪法尊严、保证宪法实施的职责。任何组织或者个人都不得有超越宪法和法律的特权，一切违反宪法和法律的行为都必须予以追究。国家宪法日设立的目的，是为了增强全社会的宪法意识，弘扬宪法精神，加强宪法实施，全面推进依法治国。设立国家宪法日，有助于树立宪法权威，维护宪法尊严；有助于普及宪法知识，增强全社会宪法意识，弘扬宪法精神；有助于扩大宪法实施的群众基础，加强宪法实施的良好氛围，弘扬中华民族的宪法文化。

二、宪法宣誓制度

（一）宪法宣誓制度的确立及意义

2015年7月1日，十二届全国人大常委会十五次会议通过了《全国人民代表大会常务委员会关于实行宪法宣誓制度的决定》，以国家立法形式确立了我国的宪法宣誓制度，该决定自2016年1月1日起施行。决定指出：宪法是国家的根本法，是治国安邦的总章程，具有最高的法律地位、法律权威和法律效力。国家工作人员必须树立宪法意识，恪守宪法原则，弘扬宪法精神，履行宪法使命。宪法宣誓制度的确立及实行，具有非常重要的意义。

实行宪法宣誓制度有利于树立宪法权威；有利于增强国家工作人员的宪法观念，激励和教育国家工作人员忠于宪法、遵守宪法、维护宪法。宪法宣誓仪式是庄严神圣的，宣誓人员通过感受宪法的神圣，铭记自己的权力来源于人民、来源于宪法，在履行职务时就可以严格按照宪法的授权行使职权，发现违反宪法的行为就能够坚决地捍卫宪法、维护宪法。实行宪法宣誓制度也有利于在全社会增强宪法意识。通过宪法宣誓活动，可以强化全体公民对宪法最高法律效力、最高法律权威、最高法律地位的认识，可以提高全体社会成员自觉遵守宪法，按照宪法规定行使权利和履行义务的能力。

（二）宪法宣誓制度的适用主体

根据《全国人民代表大会常务委员会关于实行宪法宣誓制度的决定》的规定，宪法宣誓制度的适用主体主要有：各级人大及县级以上各级人大常委会选举或者决定任命的国家工作人员，以及各级人民政府、人民法院、人民检察院任命的国家工作人员。

全国人大选举或者决定任命的国家主席、副主席，全国人大常委会委员长、副委员长、秘书长、委员，国务院总理、副总理、国务委员、各部部长、各委员会主任、中国人民银行行长、审计长、秘书长，中央军委主席、副主席、委员，最高人民法院院长，最高人民检察院检察长，以及全国人大专门委员会主任委员、副主任委员、委员等，在依照法定程序产生后，进行宪法宣誓。在全国人大闭会期间，全国人大常委会任命或者决定任命的全国人大专门委员会个别副主任委员、委员，国务院部长、委员会主任、中国人民银行行长、审计长、秘书长，中央军委副主席、委员，在依照法定程序产生后，进行宪法宣誓。全国人大常委会任命的全国人大常委会副秘书长，全国人大常委会工作委员会主任、副主任、委员，全国人大常委会代表资格审查委员会主任委员、副主任委员、委员等，在依照法定程序产生后，进行宪法宣誓。以上宣誓仪式由全国人大常委会委员长会议组织。

全国人大常委会任命或者决定任命的最高人民法院副院长、审判委员会委员、庭长、副庭长、审判员和军事法院院长，最高人民检察院副检察长、检察委员会委员、检察员和军事检察院检察长，国家驻外全权代表，在依照法定程序产生后，进行宪法宣誓。宣誓仪式由最高人民法院、最高人民检察院、外交部分别组织。

国务院及其各部门、最高人民法院、最高人民检察院任命的国家工作人员，在就职时进行宪法宣誓。宣誓仪式由任命机关组织。

地方各级人大及县级以上地方各级人大常委员会选举或者决定任命的国家工作人员，以及地方各级人民政府、人民法院、人民检察院任命的国家工作人员，在依照法定程序产生后，进行宪法宣誓。宣誓的具体组织办法由省、自治区、直辖市人民代表大会常务委员会参照《全国人民代表大会常务委员会关于实行宪法宣誓制度的决定》制定，报全国人民代表大会常务委员会备案。

（三）宪法宣誓誓词内容

根据《全国人民代表大会常务委员会关于实行宪法宣誓制度的决定》的规定，宪法宣誓誓词为："我宣誓：忠于中华人民共和国宪法，维护宪法权威，履行法定职责，忠于祖国、忠于人民，恪尽职守、廉洁奉公，接受人民监督，为建设富强、民主、文明、和谐的社会主义国家努力奋斗！"

（四）宪法宣誓形式

根据决定的规定，宪法宣誓仪式根据情况，可以采取单独宣誓或者集体宣誓的形式。单独宣誓时，宣誓人应当左手抚按《中华人民共和国宪法》，右手举拳，诵读誓词。集体宣誓时，由一人领誓，领誓人左手抚按《中华人民共和国宪法》，右手举拳，领诵誓词；其他宣誓人整齐排列，右手举拳，跟诵誓词。宣誓场所应当庄重、严肃，悬挂中华人民共和国国旗或者国徽。负责组织宣誓仪式的机关，可以根据决定并结合实际情况，对宣誓的具体事项作出规定。

第三章

我国行政法律制度

　　依法行政是依法治国基本方略的重要组成部分，对建设法治中国具有重大意义。依法行政，是政府行政权运行的基本原则，它要求行政机关行使行政权力必须要有法律授权，强调有权有责，用权受监督，损害须赔偿，违法须纠正。

　　行政法是关于行政权授予、行政权的行使，以及对行政权的授予、行使进行监督的法律规范的总和。主要包括三方面的内容。一是行政组织法，即关于行政权的授予和组织行政机关的法律。由行政组织法、行政编制法和公务员法等法律组成。二是行政行为法，即关于行政权行使的法律，由行政许可、行政处罚、行政收费、行政强制、行政征收、行政裁决等法律组成。这部分的行政法律制度具有普遍适用性，与各级政府及各个部门都有关。此外，还有按行政管理事项划分的涉及行政权行使的法律，称为部门行政法，如公安、环保、税务等。三是行政监督法，即对行政机关的组织、行政权的行使进行监督的法律。由行政监察法、审计法、行政复议法、行政诉讼法、行政赔偿法等组成。

第一节　我国依法行政的发展历程

　　1978年党的十一届三中全会的召开，为我国的民主法制建设指明了前进的方向，奠定了坚实的思想基础，为发扬社会主义民主、健全社会主义法制提供了强有力的政治保障。1979年，包括国家机构、刑事、民事在内的一批规范国家政治、经济、文化和社会生活的法律相继出台，为在国家和社会事务管理方面实现有法可依、有法必依、执法必严、违法必究打下了基础。

1982年，现行宪法颁布，对国家机构及其相互关系和职责权限、公民的权利义务等，作出了许多新的重要规定。该部宪法第五条明确规定："国家维护社会主义法制的统一和尊严。一切法律、行政法规和地方性法规都不得同宪法相抵触。一切国家机关和武装力量、各政党和各社会团体、各企业事业组织都必须遵守宪法和法律。一切违反宪法和法律的行为，必须予以追究。任何组织或者个人都不得有超越宪法和法律的特权。"这是依法行政的重要宪法依据。在此期间，国务院组织法和地方组织法的出台，也从制度建设上进一步推动了依法行政的进程。

1984年全国人大六届三次会议上，彭真同志明确提出，国家管理要从依靠政策办事逐步过渡到不仅仅依靠政策还要建立、健全法制，依法办事。随着经济体制改革的不断深入，民主法制观念的逐步加强，1989年4月行政诉讼法颁布。这是我国行政立法指导思想和价值取向的一次重大转变，标志着我国从注重行政权力的确立与维护，开始转向对行政权力的监督与制约，对公民权利的具体确认与保护。这是通过实践"民"告"官"的诉讼程序来促进行政机关依法行政的一项重大举措。

1992年党的十四大正式确立了社会主义市场经济体制，加快依法行政步伐，已成为时代和社会发展的客观要求。1993年八届全国人大一次会议通过的《政府工作报告》明确提出："各级政府都要依法行政，严格依法办事。一切公务人员都要带头学法、懂法，做执法守法的模范。"这是我国第一次以政府文件的形式正式明确提出依法行政的原则。1997年9月，党的十五大正式确立了依法治国、建设社会主义法治国家的基本方略，依法行政的进程从此开始全面提速。

2002年11月，召开的党的十六大，把发展社会主义民主政治，建设社会主义政治文明，作为全面建设小康社会的重要目标之一，明确提出加强对执法活动的监督，推进依法行政。2007年10月，召开的党的十七大，从全面落实依法治国基本方略，加快建设社会主义法治国家的高度，就推行依法行政、加快行政管理体制改革，建设服务型政府，完善制约机制，健全组织法制和程序规则，保证国家机关按照法定权限和程序行使权力、履行职责等提出具体要求。

在此期间，国家公务员暂行条例（1993）、国家赔偿法（1994）、行政处罚法（1996）、行政监察法（1997）、行政复议法（1999）、立法法（2000）、政府采购法（2002）、行政许可法（2003）、公务员法（2005）、行政强制法（2011）等陆续出台，依法行政的体制机制不断健全、依法行政的法律制度日渐完备。

与此同时，1999年11月国务院发布了《关于全面推进依法行政的决定》，对依法行政提出了具体要求。2004年3月国务院颁发了《全面推进依法行政实施纲要》，对全国依法行政的现状进行了深刻总结，对进一步深入推进依法行政提出了全面要求，并第一次明确提出经过十年左右坚持不懈的努力，基本实现建设法治政府的工作目标。

鉴于依法行政的重点难点在市县两级，2008年5月国务院还进一步作出了《关于加强市县政府依法行政的决定》，就扎实推进市县政府依法行政提出工作要求。2012年11月，党的十八大明确要求，推进依法行政，切实做到严格规范公正文明执法。2013年11月，党的十八届三中全会进一步明确提出，建设法治中国，必须坚持依法治国、依法执政、依法行政共同推进，坚持法治国家、法治政府、法治社会一体建设。依法行政被纳入法治中国建设进程中统一部署、整体推进。2014年11月，党的十八届四中全会就深入推进依法行政，加快建设法治政府作出总体部署，要求各级政府必须坚持在党的领导下、在法治轨道上开展工作，加快建设职能科学、权责法定、执法严明、公开公正、廉洁高效、守法诚信的法治政府。

第二节　行政组织法

行政组织法是规范行政机关的职能、组织、编制的法律制度。我国宪法明确规定，中华人民共和国的一切权力属于人民。人民行使国家权力的机关是全国人大和地方各级人大。国家的行政机关是权力机关的执行机关。因此从根本上讲，行政机关行使的行政权力是权力机关通过法律授予的。正因为如此，行政机关必须遵循职权法定原则，不能法外行权。行政组织法中就是规范有关行政组织的性质、地位、职权、职能等方面的法律总称。

行政组织是行政权力的载体，行政组织法通过对行政机关的机构设置、编制与职数、活动方式，以及行政机关的设立、变更和撤销程序等的规定，进而对行政权力行使进行制约，以避免主观随意性。在这方面，我国的国务院组织法和地方组织法，对规范国务院和地方政府的机构设置与职权行使，起到了重要作用。

一、国务院组织法

1982年制定的国务院组织法，是根据宪法中有关国务院的规定内容，对国务院的组成、组织原则、职权行使、会议制度、部委设置等均作出了明确规定。

根据国务院组织法的规定，国务院由总理、副总理、国务委员、各部部长、各委员会主任、审计长、秘书长组成；国务院实行总理负责制，总理领导国务院的工作，副总理、国务委员协助总理工作；国务院行使宪法第八十九条规定的职权；国务院会议分为国务院全体会议和国务院常务会议。国务院全体会议由国务院全体成员组成。国务院常务会议由总理、副总理、国务委员、秘书长组成。国务院工作中的重大问题，必须经国务院常务会议或者国务院全体会议讨论决定；国务院秘书长在总理领导下，负责处理国务院的日常工作；国务院各部、各委员会的设立、撤销或者合并，经总理提出，由全国人大决定；在全国人大闭会期间，由全国人大常委会决定；国务院各部、各委员会实行部长、主任负责制。各部部长、各委员会主任领导本部门的工作，召集和主持部务会议或者委员会会议、委务会议，签署上报国务院的重要请示、报告和下达的命令、指示。各部、各委员会工作中的方针、政策、计划和重大行政措施，应向国务院请示报告，由国务院决定。根据法律和国务院的决定，主管部、委员会可以在本部门的权限内发布命令、指示和规章。

二、地方组织法

《地方各级人民代表大会和地方各级人民政府组织法》于1979年通过，并于2015年作了最新修正。它具体规定了地方各级人民政府的性质、组成、任期、职权、组织原则、会议制度、机构设置等，为规范和制约地方各级政府的行政权力的行使提供了基本的法律依据。

根据地方组织法的规定，地方各级人民政府是地方各级人大的执行机关，是地方各级国家行政机关，对本级人大和上一级国家行政机关负责并报告工作。地方各级人民政府都是国务院统一领导下的国家行政机关，都服从国务院。省、自治区、直辖市、自治州、设区的市的人民政府分别由省长、副省长，自治区主席、副主席，市长、副市长，州长、副州长和秘书长、厅长、局长、委员会主任等组成。县、自治县、不设区的市、市辖区的人民政府分别由县长、副县长，市长、副市长，区长、副区长和局长、科长等组成。乡、民族乡的人民政府设乡长、副乡长。民族乡的乡长由建立民族乡的少数民族公民担任。镇人民政府设镇长、副镇长。地方各级人民政府每届任期五年。

此外，这部法律还具体规定了地方各级人民政府的职权、组织原则、会议制度、内设机构、管理体制等。

尽管我国法律对行政部门的设置、行政权力的行使有着相应的法律规范和制约，但多年来的实践同时也证明，行政机关职权不清、相互交叉冲突，政府职能转变不能适应市场经济的需要，机构臃肿，人浮于事等问题始终存在并难以解决。由于已有的行政组织法还不能完全起到应有的规范和制约作用，以致有时还不得不辅之以相应的机构改革。正因为如此，1997年党的十五大就曾明确提出，深化行政体制改革，实现国家机构组织、职能、编制、工作程序的法定化。2013年党的十八届三中全会进一步明确提出，转变政府职能必须深化机构改革。优化政府机构设置、职能配置、工作流程，完善决策权、执行权、监督权既相互制约又相互协调的行政运行机制。为此，切实按照党中央的要求，进一步完善行政组织法成为当前完善行政法律制度面临的一项重要任务。

三、公务员法

这部法律制定于2005年，具体规定了公务员的入职条件、权利义务、职务级别、录用考核、职务任免、职务升降、奖励惩戒与培训、交流与回避、工资福利保险、辞职辞退与退休、申诉控告、职位聘任及法律责任。这部法律的制定和实施，为规范公职人员的组织管理和职务履行提供了基本的法律遵循。

根据该法的规定，公务员职务分为领导职务和非领导职务。领导职务层次分为：国家级正职、国家级副职、省部级正职、省部级副职、厅局级正职、厅局级副职、县处级正职、县处级副职、乡科级正职、乡科级副职。非领导职务层次在厅局级以下设置。综合管理类的非领导职务分为：巡视员、副巡视员、调研员、副调研员、主任科员、副主任科员、科员、办事员。各机关依照确定的职能、规格、编制限额、职数以及结构比例，设置本机关公务员的具体职位，并确定各职位的工作职责和任职资格条件以及考核、奖惩、专门纪律要求、回避、辞职、辞退、退休、申诉控告等内容。

第三节　行政行为法

行政行为一般是指行政机关依法行使权力，管理公共事务，直接或间接产生法律后果的行为。各行政机关共同性的行政行为，可分为行政立法行为和行政执法行为。其中，行政立法行为主要是指国务院制定行政法规、国务院各部委制定部委规章，各省、自治区、直辖市政府、省会市和经国务院批准的较大市政府和设区的市制定地方规章的行为。行政执法行为，又称具体行政行为，是指行政机关行使行政权力，对特定的公民、法人和其他组织作出的有关其权利义务的单方行为。具体行政行为的表现形式包括：行政命令、行政征收、行政许可、行政确认、行政监督检查、行政处罚、行政强制、行政给付、行政奖励、行政裁决、行政赔偿等。随着推进依法治国、建设法治政府的需要，我国陆续出台了一系列行政行为法，适用频率高的有行政许可法、行政处罚法和行政强制法。

一、行政许可法

行政许可是指行政机关根据公民、法人或者其他组织的申请，经依法审查，准予其从事特定活动的行为。2003年颁布实施的行政许可法，对行政许可的实施机关、行政许可的实施程序、申请与受理、审查与决定、期限、听证、变更与延续，以及行政许可的费用和监督检查等作出了具体规定。实践证明，这部法律的颁布实施，对规范行政许可的设定和实施，保护公民、法人和其他组织的合法权益，维护公共利益和社会秩序，保障和监督行政机关有效实施行政管理，提供了重要的法律保障。这部法律具体规定的内容主要包括：

（一）行政许可的设定范围

设定行政许可的应当属于直接涉及国家安全、公共安全、经济宏观调控、生态环境保护以及直接关系人身健康、生命财产安全等特定活动，需要按照法定条件予以批准的事项；有限自然资源开发利用、公共资源配置以及直接关系公共利益的特定行业的市场准入等，需要赋予特定权利的事项；提供公众服务并且直接关系公共利益的职业、行业，需要确定具备特殊信誉、特殊条件或者特殊技能等资格、资质的事项；直接关系公共安全、人身健康、生命财产安全的重要设备、设施、产品、物品，需要按照技术标准、技术规范，通过检验、检测、检疫等方式进行审定的事项；企业或者其他组织的设立等，需要确定主体资格的事项；法律、行政法规规定可以设定行政许可的其他事项。但上述事项如果属于公民、法人或者其他组织能够自主决定的；市场竞争机制能够有效调节的；行业组织或者中介机构能够自律管理的；行政机关采用事后监督等其他行政管理方式能够解决的，便可以不设行政许可。该法同时还明确规定，法规、规章对实施上位法设定的行政许可作出的具体规定，不得增设行政许可；对行政许可条件作出的具体规定，不得增设违反上位法的其他条件。

（二）行政许可的实施机关

行政许可的实施机关主要包括有权行政机关、具有管理公共事务职能的组织和受委托的其他行政机关。该法明确规定，行政许可由具有行政许可权的行政机关在其法定职权范围内实施。法律、法规授权的具有管理公共事务职能的组织，在法定授权范围内，以自己的名义实施行政许可。被授权的组织适用行政许可法有关行政机关的规定。行政机关在其法定职权范围内，依照法律、法规、规章的规定，可以委托其他行政机关实施行政许可。委托机关应当将受委托行政机关和受委托实施行政许可的内容予以公告。委托行政机关对受委托行政机关实施行政许可的行为应当负责监督，并对该行为的后果承担法律责任。

（三）行政许可的实施程序

公民、法人或者其他组织从事特定活动，依法需要取得行政许可的，应当向行政机关提出申请。申请人申请行政许可，应当如实向行政机关提交有关材料和反映真实情况，并对其申请材料实质内容的真实性负责。申请人提交的申请材料齐全、符合法定形式，行政机关能够当场作出决定的，应当当场作出书面的行政许可决定。根据法定条件和程序，需要对申请材料的实质内容进行核实的，行政机关应当指派两名以上工作人员进行核查。

（四）行政许可的期限

除可以当场作出行政许可决定的外，行政机关应当自受理行政许可申请之日起二十日内作出行政许可决定。二十日内不能作出决定的，经本行政机关负责人批准，可以延长十日，并应当将延长期限的理由告知申请人。

（五）法律责任

行政机关违法实施行政许可，给当事人的合法权益造成损害的，应当依照国家赔偿法的规定给予赔偿。被许可人存在涂改、倒卖、出租、出借行政许可证件，或者以其他形式非法转让行政许可的；超越行政许可范围进行活动的；向负责监督检查的行政机关隐瞒有关情况、提供虚假材料或者拒绝提供反映其活动情况的真实材料的；法律、法规、规章规定的其他违法行为的，行政机关应当依法给予行政处罚。构成犯罪的，依法追究刑事责任。

二、行政处罚法

行政处罚是行政机关对违反行政管理秩序的公民、法人和其他组织依法予以制裁的法律制度。我国1996年颁布实施的行政处罚法对行政处罚的种类和设定、实施机关、管辖和适用，以及行政处罚的程序、执行及法律责任进行了明确规定，为规范行政处罚的设定和实施，保障和监督行政机关有效实施行政管理，维护公共利益和社会秩序，保护公民、法人或者其他组织合法权益提供了基本的法律依据。这部法律具体规定的内容主要包括：

（一）行政处罚的种类

我国的行政处罚包括：警告；罚款；没收违法所得、没收非法财物；责令停产停业；暂扣或者吊销许可证、暂扣或者吊销执照；行政拘留；法律、行政法规规定的其他行政处罚等。

（二）行政处罚的实施机关

行政处罚由具有行政处罚权的行政机关在法定职权范围内实施。国务院或者经国务院授权的省、自治区、直辖市人民政府可以决定一个行政机关行使有关行政机关的行政处罚权，但限制人身自由的行政处罚权只能由公安机关行使。

（三）行政处罚的管辖

行政处罚由违法行为发生地的县级以上地方人民政府具有行政处罚权的行政机关管辖；对管辖发生争议的，报请共同的上一级行政机关指定管辖；违法行为构成犯罪的，行政机关必须将案件移送司法机关，依法追究刑事责任。

（四）行政处罚的适用

行政机关实施行政处罚时，应当责令当事人改正或者限期改正违法行为。对当事人的同一个违法行为，不得给予两次以上罚款的行政处罚；不满十四周岁的人有违法行为的，不予行政处罚，责令监护人加以管教；已满十四周岁不满十八周岁的人有违法行为的，从轻或者减轻行政处罚；精神病人在不能辨认或者不能控制自己行为时有违法行为的，不予行政处罚，但应当责令其监护人严加看管和治疗。间歇性精神病人在精神正常时有违法行为的，应当给予行政处罚。违法行为在二年内未被发现的，不再给予行政处罚。法律另有规定的除外。

（五）行政处罚程序

行政处罚程序包括简易程序、一般程序。

1.简易程序

适用于违法事实确凿并有法定依据，对公民处以五十元以下、对法人或者其他组织处以一千元以下罚款或者警告的行政处罚的，可以当场作出行政处罚决定。

2.一般程序

适用于行政机关发现公民、法人或者其他组织有依法应当给予行政处罚的行为，需要全面、客观、公正调查，收集有关证据或需要依法进行检查的案件。行政机关依法给予行政处罚的，应当制作行政处罚决定书。行政处罚决定书应当载明的事项包括：当事人的姓名或者名称、地址；违反法律、法规或者规章的事实和证据；行政处罚的种类和依据；行政处罚的履行方式和期限；不服行政处罚决定，申请行政复议或者提起行政诉讼的途径和期限；作出行政处罚决定的行政机关名称和作出决定的日期。行政处罚决定书应当在宣告后当场交付当事人；当事人不在场的，行政机关应当在七日内依照民事诉讼法的有关规定，将行政处罚决定书送达当事人。

此外该法还具体规定了行政处罚前的听证程序、行政处罚的执行及法律责任。

三、行政强制法

我国法定的行政强制包括行政强制措施和行政强制执行。行政强制措施，是指行政机关在行政管理过程中，为制止违法行为、防止证据损毁、避免危害发生、控制危险扩大等情形，依法对公民的人身自由实施暂时性限制，或者对公民、法人或者其他组织的财物实施暂时性控制的行为。行政强制执行，是指行政机关或者行政机关申请人民法院，对不履行行政决定的公民、法人或者其他组织，依法强制履行义务的行为。2011年颁布实施的行政强制法，规定了行政强制的种类和设定、行政强制措施实施程序、行政机关强制执行程序、申请人民法院强制执行及法律责任，为规范行政强制的设定和实施，保障和监督行政机关依法履行职责，维护公共利益和社会秩序，保护公民、法人和其他组织的合法权益提供了基本的法律依据。这部法律具体规定的内容主要包括：

（一）行政强制的种类和方式

根据该法规定，行政强制措施由法律设定，种类包括限制公民人身自由；查封场所、设施或者财物；扣押财物；冻结存款、汇款；其他行政强制措施等5类。行政强制执行由法律设定，方式包括加处罚款或者滞纳金；划拨存款、汇款；拍卖或者依法处理查封、扣押的场所、设施或者财物；排除妨碍、恢复原状；代履行；其他强制执行方式等。

（二）行政强制措施实施程序

1.一般规定

行政机关实施行政强制措施的，实施前须向行政机关负责人报告并经批准；由两名以上行政执法人员实施；出示执法身份证件；通知当事人到场；当场告知当事人采取行政强制措施的理由、依据以及当事人依法享有的权利、救济途径；听取当事人的陈述和申辩；制作现场笔录；现场笔录由当事人和行政执法人员签名或者盖章，当事人拒绝的，在笔录中予以注明；当事人不到场的，邀请见证人到场，由见证人和行政执法人员在现场笔录上签名或者盖章；法律、法规规定的其他程序。情况紧急，需要当场实施行政强制措施的，行政执法人员应当在二十四小时内向行政机关负责人报告，并补办批准手续。

2. 查封、扣押

查封、扣押应当由法律、法规规定的行政机关实施，其他任何行政机关或者组织不得实施。行政机关决定实施查封、扣押的，应当依法制作并当场交付查封、扣押决定书和清单。查封、扣押决定书应当载明当事人的姓名或者名称、地址；查封、扣押的理由、依据和期限；查封、扣押场所、设施或者财物的名称、数量等；申请行政复议或者提起行政诉讼的途径和期限；行政机关的名称、印章和日期。查封、扣押清单一式二份，由当事人和行政机关分别保存。

3. 冻结

冻结存款、汇款应当由法律规定的行政机关实施，不得委托给其他行政机关或者组织；其他任何行政机关或者组织不得冻结存款、汇款。行政机关依照法律规定决定实施冻结存款、汇款的，应当依法履行程序，并向金融机构交付冻结通知书。

此外，该法还具体规定了行政机关强制执行的具体程序及法律责任。

以案释法 06

违法行政决定被撤销

2012年3月，王某收到了国务院行政复议裁决书。裁决书撤销了某省认定他家所在区域征地合法决定的裁决。法学博士王某两年法律维权路，终于看到一线曙光。

2010年底，因老家的房屋在未签署拆迁协议的情况下于凌晨被拆。老屋被强拆当日，王某写了一封给家乡市长的公开信。公开信在网上迅速流传，引起了官方重视。当地政府有关领导特地赶赴王某所在的大学和他沟通，承诺"依法依规，妥善处置此事"。公开信事件后，王某家乡的区长答复王某，称某村村委会答复意见与你本人所提要求差距较大，可能王某不能完全接受，区里支持王某通过法律渠道依法解决。2011年7月15日，王某母亲诉某市住房和城乡建设局不履行查处违法拆迁一案在该市某区人民法院开庭审理。法院认定"非法拆迁"事实不存在，驳回诉讼请求。王某随即上诉，被市中级人民法院驳回。在发起诉讼同时，王某向省政府行政复议办公室提起行政复议，要求省政府确认某区行政行为违法并予以撤销。2011年3月，省行政复议办公室召开听证会，只有王某一方提交相关证据，"政府说他们所有的行为都合法，没必要提交证据"。4月6日，省行政复议办公室下发行政复议决定书，驳回复议请求。随后，王某等人一起，依法向国务院法制办提起行政复议申请。

释解

拆迁户依法维权，先后通过行政手段和法律途径，终于为实践宪法明文规定的"公民的合法的私有财产不受侵犯。国家依照法律规定保护公民的私有财产权和继承权"迈出了关键的一步。

随着依法治国的不断推进、依法行政的不断深入，我国各级行政机关面临的行政诉讼的争议案件在逐步增多，当被告的几率在逐渐增大，这是一种正常的客观现象。当被告不被动，被动的是工作中存在着没有依法行政的瑕疵。情况表明，各级行政管理部门在工作中比较容易引起争议的，主要集中在行政主体不适格、行政行为越权、规范性文件与上位法相抵触、行政决定失当和行政不作为几个方面。因此，在全面推进依法治国的大背景下，在法律制度不断完备、监督渠道极大畅通的情况下，在公民依法维权意识不断增强的态势下，唯有依法决策、依法办事，努力实现与依法行政相适应的行政管理方式的转变，树立职权法定意识、程序法定意识和权责统一意识，切实提高依法行政的自觉性和工作水平，才能从根本上杜绝此类案件的发生。

第四节　行政监督法

行政权力是国家机关中权力最大、涉及人数最多，对国家和社会的发展最为重要、与人民群众关系最为密切的权力，因此行政监督是国家监督体系中的极为重要的组成部分。行政系统内部的监督，主要有行政系统内的专门监督和上级对下级的层级监督。

在我国，行政系统内的专门监督主要为审计监督和行政监察，并且已经制定了审计法和行政监察法。根据审计法的规定，在政府内部监督范围内，审计主要是对本级政府各部门和下级政府预算的执行情况和决算、预算外资金的管理和使用情况；政府部门管理和社会团体受政府委托管理的社会保障基金、社会捐献资金及其他有关基金、资金的财务收支等进行审计监督。审计部门在行使职权时，拥有要求报送权、检查权、调查权、制止并采取措施权、通报权及处理权等多方面的权限。根据行政监察法的规定，行政监察是监察部门对行政机关及其公务员的行政效能和清正廉洁两方面进行的监督。监察部门在行使监督权时拥有检查、调查权、建议处分权等较为广泛的权力。

层级监督方面，我国目前已建立了行政复议制度、行政诉讼制度和国家赔偿制度。并相应地颁布实施了行政复议法、行政诉讼法和国家赔偿法。其中，行政复议制度是指公民、法人或其他组织认为行政机关的行政行为侵犯其合法权益，向上级行政机关申请复议，由复议机关作出复议决定的制度，既属于上级行政机关对下级行政机关的监督，同时也是公民、法人或其他组织不服下级行政机关的具体行政行为要求复议机关作出公正裁判的一种救济行为。由于行政复议实际上是上级对下级的监督，因此行政复议的范围较为宽泛，在行政复议中，公民、法人或其他组织不仅可以对具体行政行为是否合法，要求进行审查，也可以对该具体行政行为是否合理，要求进行审查。而在行政诉讼中，人民法院对具体行政行为则只能进行合法性审查，除行政处罚外，原则上不作合理性、适当性审查。

一、行政复议法

行政复议是指公民、法人或者其他组织，认为行政机关的具体行政行为侵犯了其合法权益，依法向上级行政机关提出复议申请，上级行政机关依法对该具体行政行为进行合法性、适当性审查，并作出复议决定的行政行为。我国1999年颁布实施的行政复议法，对行政复议机关的职责、行政复议范围、行政复议申请、行政复议受理、行政复议决定和法律责任等作出具体规定。这部法律具体规定的内容主要包括：

（一）行政复议机关的职责

行政复议机关负责法制工作的机构具体办理行政复议事项，履行的职责包括受理行政复议申请；向有关组织和人员调查取证，查阅文件和资料；审查申请行政复议的具体行政行为是否合法与适当，拟订行政复议决定；处理或者转送法律规定的审查申请；依照规定的权限和程序对违法的具体行政行为提出处理建议；办理因不服行政复议决定提起行政诉讼的应诉事项；法律、法规规定的其他职责。行政复议机关履行行政复议职责时，应当遵循合法、公正、公开、及时、便民的原则，坚持有错必纠，保障法律、法规的正确实施。

（二）行政复议范围

公民、法人或者其他组织可以依法申请行政复议的情形包括对行政机关作出的警告、罚款、没收违法所得、没收非法财物、责令停产停业、暂扣或者吊销许可证、暂扣或者吊销执照、行政拘留等行政处罚决定不服的；对行政机关作出的限制人身自由或者查封、扣押、冻结财产等行政强制措施决定不服的；对行政机关作出的有关许可证、执照、资质证、资格证等证书变更、中止、撤销的决定不服的；对行政机关作出的关于确认土地、矿藏、水流、森林、山岭、草原、荒地、滩涂、海域等自然资源的所有权或者使用权的决定不服的；认为行政机关侵犯合法的经营自主权的；认为行政机关变更或者废止农业承包合同，侵犯其合法权益的；认为行政机关违法集资、征收财物、摊派费用或者违法要求履行其他义务的；认为符合法定条件，申请行政机关颁发许可证、执照、资质证、资格证等证书，或者申请行政机关审批、登记有关事项，行政机关没有依法办理的；申请行政机关履行保护人身权利、财产权利、受教育权利的法定职责，行政机关没有依法履行的；申请行政机关依法发放抚恤金、社会保险金或者最低生活保障费，行政机关没有依法发放的；认为行政机关的其他具体行政行为侵犯其合法权益的。

（三）行政复议申请

公民、法人或者其他组织认为具体行政行为侵犯其合法权益的，可以自知道该具体行政行为之日起六十日内提出行政复议申请；但是法律规定的申请期限超过六十日的除外。因不可抗力或者其他正当理由耽误法定申请期限的，申请期限自障碍消除之日起继续计算。同申请行政复议的具体行政行为有利害关系的其他公民、法人或者其他组织，可以作为第三人参加行政复议。公民、法人或者其他组织对行政机关的具体行政行为不服申请行政复议的，作出具体行政行为的行政机关是被申请人。申请人申请行政复议，可以书面申请，也可以口头申请；口头申请的，行政复议机关应当当场记录申请人的基本情况、行政复议请求、申请行政复议的主要事实、理由和时间。

（四）行政复议受理

行政复议机关收到行政复议申请后，应当在五日内进行审查，对不符合本法规定的行政复议申请，决定不予受理，并书面告知申请人；对符合行政复议法规定，但是不属于本机关受理的行政复议申请，应当告知申请人向有关行政复议机关提出。对行政复议决定不服再向人民法院提起行政诉讼的，行政复议机关决定不予受理或者受理后超过行政复议期限不作答复的，公民、法人或者其他组织可以自收到不予受理决定书之日起或者行政复议期满之日起十五日内，依法向人民法院提起行政诉讼。

（五）行政复议决定

行政复议原则上采取书面审查的办法，但是申请人提出要求或者行政复议机关负责法制工作的机构认为有必要时，可以向有关组织和人员调查情况，听取申请人、被申请人和第三人的意见。行政复议机关负责法制工作的机构应当对被申请人作出的具体行政行为进行审查，提出意见，经行政复议机关的负责人同意或者集体讨论通过后，按照具体行政行为认定事实清楚，证据确凿，适用依据正确，程序合法，内容适当的，决定维持；被申请人不履行法定职责的，决定其在一定期限内履行。对存在主要事实不清、证据不足的；适用依据错误的；违反法定程序的；超越或者滥用职权的；具体行政行为明显不当等情形之一的，决定撤销、变更或者确认该具体行政行为违法；决定撤销或者确认该具体行政行为违法的，可以责令被申请人在一定期限内重新作出具体行政行为。

（六）法律责任

行政复议机关违反规定，无正当理由不予受理依法提出的行政复议申请或者不按照规定转送行政复议申请的，或者在法定期限内不作出行政复议决定的，对直接负责的主管人员和其他直接责任人员依法给予警告、记过、记大过的行政处分；经责令受理仍不受理或者不按照规定转送行政复议申请，造成严重后果的，依法给予降级、撤职、开除的行政处分。行政复议机关工作人员在行政复议活动中，徇私舞弊或者有其他渎职、失职行为的，依法给予警告、记过、记大过的行政处分；情节严重的，依法给予降级、撤职、开除的行政处分；构成犯罪的，依法追究刑事责任。被申请人违反规定，不提出书面答复或者不提交作出具体行政行为的证据、依据和其他有关材料，或者阻挠、变相阻挠公民、法人或者其他组织依法申请行政复议的，对直接负责的主管人员和其他直接责任人员依法给予警告、记过、记大过的行政处分；进行报复陷害的，依法给予降级、撤职、开除的行政处分；构成犯罪的，依法追究刑事责任。行政复议机关受理行政复议申请，由本级财政予以保障，不得向申请人收取任何费用。

二、行政诉讼法

行政诉讼是指公民、法人或者其他组织认为行政机关和行政机关工作人员的行政行为侵犯其合法权益，依法向人民法院提起的诉讼。为保证人民法院公正、及时审理行政案件，解决行政争议，保护公民、法人和其他组织的合法权益，监督行政机关依法行使行政职权，我国于1989年制定、2014年修订了行政诉讼法，对行政诉讼的受案范围、管辖、诉讼参加人、证据、起诉和受理、审理和判决、审判监督程序、执行及涉外行政诉讼等作了相应规定，具体确立了行政行为合法与违法的标准，对协调行政机关与公民的关系，保护公民合法权益，督促行政机关依法行政，维护社会稳定发挥了重要作用。这部法律具体规定的内容主要包括：

（一）受案范围

行政诉讼受案范围包括，对行政拘留、暂扣或者吊销许可证和执照、责令停产停业、没收违法所得、没收非法财物、罚款、警告等行政处罚不服的；对限制人身自由或者对财产的查封、扣押、冻结等行政强制措施和行政强制执行不服的；申请行政许可，行政机关拒绝或者在法定期限内不予答复，或者对行政机关作出的有关行政许可的其他决定不服的；对行政机关作出的关于确认土地、矿藏、水流、森林、山岭、草原、荒地、滩涂、海域等自然资源的所有权或者使用权的决定不服的；对征收、征用决定及其补偿决定不服的；申请行政机关履行保护人身权、财产权等合法权益的法定职责，行政机关拒绝履行或者不予答复的；认为行政机关侵犯其经营自主权或者农村土地承包经营权、农村土地经营权的；认为行政机关滥用行政权力排除或者限制竞争的；认为行政机关违法集资、摊派费用或者违法要求履行其他义务的；认为行政机关没有依法支付抚恤金、最低生活保障待遇或者社会保险待遇的；认为行政机关不依法履行、未按照约定履行或者违法变更、解除政府特许经营协议、土地房屋征收补偿协议等协议的；认为行政机关侵犯其他人身权、财产权等合法权益的。

（二）管辖

基层人民法院管辖第一审行政案件。中级人民法院管辖的一审行政案件包括：对国务院部门或者县级以上地方人民政府所作的行政行为提起诉讼的案件；海关处理的案件；本辖区内重大、复杂的案件；其他法律规定由中级人民法院管辖的案件。高级人民法院管辖本辖区内重大、复杂的一审行政案件。最高人民法院管辖全国范围内重大、复杂的一审行政案件。经最高人民法院批准，高级人民法院可以根据审判工作的实际情况，确定若干人民法院跨行政区域管辖行政案件。

（三）诉讼参加人

行政行为的相对人以及其他与行政行为有利害关系的公民、法人或者其他组织，有权提起诉讼。公民、法人或者其他组织直接向人民法院提起诉讼的，作出行政行为的行政机关是被告。经复议的案件，复议机关决定维持原行政行为的，作出原行政行为的行政机关和复议机关是共同被告；复议机关改变原行政行为的，复议机关是被告。复议机关在法定期限内未作出复议决定，公民、法人或者其他组织起诉原行政行为的，作出原行政行为的行政机关是被告；起诉复议机关不作为的，复议机关是被告。两个以上行政机关作出同一行政行为的，共同作出行政行为的行政机关是共同被告。行政机关委托的组织所作的行政行为，委托的行政机关是被告。行政机关被撤销或者职权变更的，继续行使其职权的行政机关是被告。

（四）证据

经法庭审查属实，可作为认定案件事实的行政诉讼证据包括：书证；物证；视听资料；电子数据；证人证言；当事人的陈述；鉴定意见；勘验笔录、现场笔录。被告对作出的行政行为负有举证责任，应当提供作出该行政行为的证据和所依据的规范性文件。原告可以提供证明行政行为违法的证据。原告提供的证据不成立的，不免除被告的举证责任。对由国家机关保存而须由人民法院调取的证据；涉及国家秘密、商业秘密和个人隐私的证据；确因客观原因不能自行收集的其他证据，原告或者第三人不能自行收集的，可以申请人民法院调取。

（五）起诉和受理

公民、法人或者其他组织不服复议决定的，可以在收到复议决定书之日起十五日内向人民法院提起诉讼。复议机关逾期不作决定的，申请人可以在复议期满之日起十五日内向人民法院提起诉讼，法律另有规定的除外。公民、法人或者其他组织直接向人民法院提起诉讼的，应当自知道或者应当知道作出行政行为之日起六个月内提出。法律另有规定的除外。因不动产提起诉讼的案件自行政行为作出之日起超过二十年，其他案件自行政行为作出之日起超过五年提起诉讼的，人民法院不予受理。公民、法人或者其他组织申请行政机关履行保护其人身权、财产权等合法权益的法定职责，行政机关在接到申请之日起两个月内不履行的，公民、法人或者其他组织可以向人民法院提起诉讼。对人民法院既不立案，又不作出不予立案裁定的，当事人可以向上一级人民法院起诉。上一级人民法院认为符合起诉条件的，应当立案、审理，也可以指定其他下级人民法院立案、审理。

（六）审理和判决

1. 一审普通程序

人民法院应当在立案之日起五日内，将起诉状副本发送被告。被告应当在收到起诉状副本之日起十五日内向人民法院提交作出行政行为的证据和所依据的规范性文件，并提出答辩状。人民法院应当在立案之日起六个月内作出第一审判决。有特殊情况需要延长的，由高级人民法院批准，高级人民法院审理第一审案件需要延长的，由最高人民法院批准。

2. 简易程序

对被诉行政行为是依法当场作出的；案件涉及款额二千元以下的；属于政府信息公开案件的，或当事人各方同意适用简易程序的，人民法院审理时可以适用简易程序。适用简易程序审理的行政案件，由审判员一人独任审理，并应当在立案之日起四十五日内审结。

3. 二审程序

当事人不服人民法院一审判决的，有权在判决书送达之日起十五日内向上一级人民法院提起上诉。当事人不服人民法院一审裁定的，有权在裁定书送达之日起十日内向上一级人民法院提起上诉。逾期不提起上诉的，人民法院的一审判决或者裁定发生法律效力。人民法院审理上诉案件，应当在收到上诉状之日起三个月内作出终审判决。有特殊情况需要延长的，由高级人民法院批准，高级人民法院审理上诉案件需要延长的，由最高人民法院批准。原审人民法院对发回重审的案件作出判决后，当事人提起上诉的，二审人民法院不得再次发回重审。

（七）审判监督程序

当事人对已经发生法律效力的判决、裁定，认为确有错误的，可以向上一级人民法院申请再审，但判决、裁定不停止执行。对属于不予立案或者驳回起诉确有错误的；有新的证据，足以推翻原判决、裁定的；原判决、裁定认定事实的主要证据不足、未经质证或者系伪造的；原判决、裁定适用法律、法规确有错误的；违反法律规定的诉讼程序，可能影响公正审判的；原判决、裁定遗漏诉讼请求的；据以作出原判决、裁定的法律文书被撤销或者变更的；审判人员在审理该案件时有贪污受贿、徇私舞弊、枉法裁判行为的案件，当事人提出申请的，人民法院应当再审。

（八）执行

当事人必须履行人民法院发生法律效力的判决、裁定、调解书。公民、法人或者其他组织拒绝履行判决、裁定、调解书的，行政机关或者第三人可以向一审人民法院申请强制执行，或者由行政机关依法强制执行。行政机关拒绝履行判决、裁定、调解书的，一审人民法院可以对应当归还的罚款或者应当给付的款额，通知银行从该行政机关的账户内划拨；在规定期限内不履行的，从期满之日起，对该行政机关负责人按日处五十元至一百元的罚款；将行政机关拒绝履行的情况予以公告；向监察机关或者该行政机关的上一级行政机关提出司法建议。对拒不履行判决、裁定、调解书，社会影响恶劣的，可以对该行政机关直接负责的主管人员和其他直接责任人员予以拘留；情节严重，构成犯罪的，依法追究刑事责任。行政机关或者行政机关工作人员作出的行政行为侵犯公民、法人或者其他组织的合法权益造成损害的，由该行政机关或者该行政机关工作人员所在的行政机关负责赔偿。行政机关赔偿损失后，应当责令有故意或者重大过失的行政机关工作人员承担部分或者全部赔偿费用。

三、国家赔偿法

国家赔偿以监督行政机关的行政行为是否合法为主要任务。以违法为赔偿前提的归责原则，事实行为造成损害的赔偿责任等赔偿制度的建立，进一步强化了对行政机关依法行政的监督力度。我国于1994年制定，2010年、2012年修订的国家赔偿法，明确了行政赔偿的范围、赔偿请求人和赔偿义务机关、赔偿的程序及赔偿方式和计算标准，为保障公民、法人和其他组织享有依法取得国家赔偿的权利，促进国家机关依法行使职权，提供了基本的法律依据。这部法律就行政赔偿所具体规定的内容主要包括：

（一）行政赔偿的范围

行政机关及其工作人员在行使行政职权时，如存在违法拘留或者违法采取限制公民人身自由的行政强制措施的；非法拘禁或者以其他方法非法剥夺公民人身自由的；以殴打、虐待等行为或者唆使、放纵他人以殴打、虐待等行为造成公民身体伤害或者死亡的；违法使用武器、警械造成公民身体伤害或者死亡的；造成公民身体伤害或者死亡的其他违法行为的，受害人有取得赔偿的权利。行政机关及其工作人员在行使行政职权时，如存在违法实施罚款、吊销许可证和执照、责令停产停业、没收财物等行政处罚的；违法对财产采取查封、扣押、冻结等行政强制措施的；违法征收、征用财产的；造成财产损害的其他违法行为的，受害人有取得赔偿的权利。

如属于行政机关工作人员与行使职权无关的个人行为；因公民、法人和其他组织自己的行为致使损害发生的；法律规定的其他情形的，国家不承担赔偿责任。

（二）赔偿请求人和赔偿义务机关

受害的公民、法人和其他组织有权要求赔偿；受害的公民死亡，其继承人和其他有扶养关系的亲属有权要求赔偿；受害的法人或者其他组织终止的，其权利承受人有权要求赔偿。行政机关及其工作人员行使行政职权侵犯公民、法人和其他组织的合法权益造成损害的，该行政机关为赔偿义务机关；两个以上行政机关共同行使行政职权时侵犯公民、法人和其他组织的合法权益造成损害的，共同行使行政职权的行政机关为共同赔偿义务机关；法律、法规授权的组织在行使授予的行政权力时侵犯公民、法人和其他组织的合法权益造成损害的，被授权的组织为赔偿义务机关；受行政机关委托的组织或者个人在行使受委托的行政权力时侵犯公民、法人和其他组织的合法权益造成损害的，委托的行政机关为赔偿义务机关。赔偿义务机关被撤销的，继续行使其职权的行政机关为赔偿义务机关。没有继续行使其职权的行政机关的，撤销该赔偿义务机关的行政机关为赔偿义务机关。

（三）赔偿程序

赔偿请求人要求赔偿，应当先向赔偿义务机关提出，也可以在申请行政复议或者提起行政诉讼时一并提出；赔偿请求人可以向共同赔偿义务机关中的任何一个赔偿义务机关要求赔偿，该赔偿义务机关应当先予赔偿；赔偿请求人根据受到的不同损害，可以同时提出数项赔偿要求。赔偿义务机关应当自收到申请之日起两个月内，作出是否赔偿的决定。赔偿义务机关决定赔偿的，应当制作赔偿决定书，并自作出决定之日起十日内送达赔偿请求人。赔偿义务机关决定不予赔偿的，应当自作出决定之日起十日内书面通知赔偿请求人，并说明不予赔偿的理由。对赔偿作出赔偿或者不予赔偿决定有异议的，赔偿请求人可在三个月内向人民法院提起诉讼。

（四）赔偿方式和计算标准

国家赔偿以支付赔偿金为主要方式。能够返还财产或者恢复原状的，予以返还财产或者恢复原状。侵犯公民人身自由的，每日赔偿金按照国家上年度职工日平均工资计算。

以案释法 07

行政不作为被判败诉

2014年10月16日，李某向河南省某市国土资源局（以下简称市国土局）书面提出申请，请求该局依法查处其所在村的耕地被有关工程项目违法强行占用的行为，并向该局寄送了申请书。市国土局收到申请后，没有受理、立案、处理，也未告知李某，李某遂以市国土局不履行法定职责为由诉至法院，请求确认被告不履行法定职责的行政行为违法，并要求被告对该村土地被强占的违法行为进行查处。

该市某区人民法院一审认为，土地管理部门对上级交办、其他部门移送和群众举报的土地违法案件，应当受理。土地管理部门受理土地违法案件后，应当进行审查，凡符合立案条件的，应当及时立案查处；不符合立案条件的，应当告知交办、移送案件的单位或者举报人。本案原告向被告市国土局提出查处违法占地申请后，被告应当受理，被告既没有受理，也没有告知原告是否立案，故原告要求确认被告不履行法定职责违法，并限期履行法定职责的请求，有事实根据和法律依据，本院予以支持。遂判决：一、确认被告对原告要求查处违法占地申请未予受理的行为违法。二、限被告于本判决生效之日起按《国土资源行政处罚办法》的规定履行法定职责。

市国土局不服，提出上诉。该市中级人民法院二审认为，根据《国土资源行政处罚办法》规定，县级以上国土资源主管部门"应当依法立案查处，无正当理由未依法立案查处的"，应当承担相应责任。上诉人市国土局未及时将审查结果告知申请人，上诉人的行为未完全履行工作职责，违反了《国土资源行政处罚办法》第四十五条的相关规定。二审判决驳回上诉，维持原判。

 释解

及时处理群众举报、切实履行查处违法占地相关法定职责，回应群众关切、保障土地资源的合法利用是有关土地管理部门的应尽职责。土地资源稀缺、人多地少的现状决定了我国必须实行最严格的土地管理制度，但长期以来土地资源浪费严重，违法违规用地现象普遍，这其中既有土地管理保护不力的原因，也有人民群众难以有效参与保护的因素。公众参与是及时发现和纠正土地违法行为的重要渠道，也是确保落实最严格的土地管理制度的有效手段。依法受理并及时查处人民群众对违法用地行为的举报，是土地管理部门的权力更是义务。对于在处理土地违法案件中，发现违法案件不属于本部门管辖的，也应及时做好相应的案件移送工作。《国土资源行政处罚办法》第十条明确规定："国土资源主管部门发现违法案件不属于本部门管辖的，应当移送有管辖权的国土资源主管部门或者其他部门。"

第四章
我国中医药法律制度

导读

　　中医药是中华民族的瑰宝，是我国医药卫生体系的特色和优势，是国家医药卫生事业的重要组成部分。从古至今，中医药为中华民族的繁荣昌盛作出了重要贡献，甚至对世界范围内的医药事业也产生了积极的影响。我们党和国家一直都高度重视中医药事业的发展，新中国成立后中医药事业取得了显著的成就，制定了一系列保护、扶持、促进中医药发展的法律法规。深入了解我国中医药法律制度的历史沿革，有利于加快中医药立法进程，进而完善符合中医药自身特色和发展规律的法律制度。

第一节　中医药法律制度的历史沿革

　　中医药管理距今已有两千多年的历史源远流长，相传，它最早起源于殷商时代，发展到秦朝时已出现一些法律条文。到了隋唐时期，中医药法律制度得到了空前的发展，在医药部门的设置、中医教育、中医药管理、中医人才的选拔录用等方面都设有相应的规定。随着封建统治的加强，明清之际对中医药制度的管理作出了较大改动，建立了更为严密而完整的医事组织。光绪年间，西方传教士医生来华并在开放口岸设立西医医院，西医进入中国以后在客观上对中医药发展产生巨大冲击。

一、新中国成立初期的中医药法律制度（1949—1978年）

（一）社会主义过渡时期（1949—1956年）

　　新中国成立初期，在党和政府的高度重视下，中医药法律制度在摸索中逐步建立并有了实质性的发展。1949年9月，毛主席在接见全国卫生行政会议的代表时提出了，必须很好地团结中医，提高技术，搞好中医工作，发挥中医力量，才能担负起几亿人口的艰巨的卫生工作任务的工作方针，这一方针的提出对于新中国成立后中医药法律制度的建立起到了方向性的指导作用。

1951年4月4日，卫生部发布了《卫生部关于医药界的团结互助学习的决定》，该决定要求"中医应当科学化，西医应当大众化"，应摒弃"重西医轻中医"的思想偏见。在这一时期，卫生部公布了《中医师暂行条例》《卫生部关于中药材自由市场的领导与管理问题的几项规定》《卫生部关于中药材经营管理上的几项规定》《卫生部关于普查野生药源问题的通知》等关于中医药的规定。另外，国务院还出台了《国务院关于中药材经营管理交由卫生部门统一领导的通知》《国务院关于发展中药材生产问题的指示》《国务院批转卫生部关于中药材预购问题的通知》等。这一时期的中医药领域立法工作明确了中医药的法律地位，为以后中医药法律制度建设奠定了良好的发展基础。

当然，在中医药法律制度建设的摸索时期，也曾出现了一些不符合现代医学发展规律的思潮，它们对于我国中医药法律制度的健康发展是非常不利的。1954年11月中央批转中共文委党组《关于改进中医工作问题的报告》，报告指出"当前最重要的事情，是要大力号召和组织西医学习中医，鼓励那些具有现代科学知识的西医，采取适当的态度同中医合作，向中医学习，整理祖国的医学遗产"。

1956年11月，卫生部废除影响中医药事业正常发展的《医师、中医师、牙医师、药师考试暂行办法》《中医诊所管理暂行条例》等规定。

（二）社会主义探索时期（1956—1966年）

在这一时期，毛主席明确指出："中国医药学是一个伟大的宝库，应当努力发掘、加以提高。"这是发展中医药事业的一个重要原则。为了团结西医，响应毛主席对中西医结合的指示，我国开始建立中医高等教育院校，并开展西医学习中医的工作，简称"西学中"。1962年，由于三年自然灾害，国家经济困难，对各个行业进行了精简，中医药行业也不例外。

（三）"文化大革命"期间（1966—1976年）

在文革时期，我国中医药法律制度建设处于停滞阶段，基本没有新的关于中医药法律法规出台，就连已经建立起的中医药法律制度也遭到破坏。

二、改革开放后的中医药法律制度（1978年至今）

（一）重新起步时期（1978—1986年）

十一届三中全会明确指出"中医、西医、中西医结合这三支队伍都要大力发展，长期并存。团结依靠这三支力量，推动医学科学现代化，发展具有我国特点的新医药学"。此后，中医药法律制度的发展出现大好局面，是中医药发展史上的转折点。

1982年修订的宪法中明确规定："国家发展医药卫生事业，发展现代医药和我国传统医药。"此规定首次肯定了中医药在国家根本大法中的地位，为中医药事业发展和中医药法律制度建设提供了最高法律依据。

1984年9月20日，六届全国人大常委会七次会议通过了药品管理法，自1985年7月1日起实施。该法对于中药的研制、生产经营、使用、保护发展、标准化等作了一系列规定，确立了我国药品管理方面的基本法律制度，对于中药的发展、管理产生了很大影响。

这一时期国务院还发布了五个具有规范效力的中医药相关文件：《国务院批转国家标准计量局等单位关于改革中医处方用药计量单位的请示报告的通知》《国务院批转国家医药管理局关于中药工作问题的报告的通知》《国务院批转国家医药管理局关于中药工作问题的报告的通知》《国务院办公厅转发对外经济贸易部关于加强对中药材出口管理报告的通知》《国务院批准卫生部关于允许个体开业行医问题的请示报告》。

总的来说，十一届三中全会以后许多关于中医药的规范及时出台，是中医药法律制度建设道路上的重要转折，标志着中医药法律制度重新起步。但是这一时期关于中医药的专门立法文件多为行政法规、决定、批复和通知等，整体文件位阶较低，大部分适用医药卫生类的一般性法律来管理中医药事业，未考虑到其自身的特殊性。

（二）迅速发展时期（1986年至今）

1986年，卫生部撤销原来的"中医司"，设立"国家中医管理局"（1998年更名为国家中医药管理局），并将管理中药部分权属划分给国家中医药管理局。该部门的成立促进开中医药专门立法工作的开始，此后，中医药管理立法在数量和质量上均大幅度提升。

1992年10月，国务院发布了《中药品种保护条例》，国家开始对中医药品种进行法律保护。

1997年，国务院发布了《关于卫生改革与发展的决定》，进一步明确中西医并重的方针，国家中医药管理局先后制定了《中医事业"八五"计划及十年规划设想》《中医药事业"九五计划"和2010年规划设想》。2002年10月制定了《中药现代化发展纲要（2002—2010年）》。

2003年4月，国务院发布了中医药条例，这是新中国成立后颁布的第一部专门规定中医药的行政法规。本条例确立了扶持中医药事业发展的指导思想，明确中医药主管部门和相关管理部门的职责，并制定一系列保障中医药发展的措施，进一步强化了中医药的规范管理，在我国中医药事业发展的进程中具有里程碑的意义。

2004年宪法修正案中规定："国家保障自然资源的合理利用，保护珍贵的植物和动物。"这一规定虽未直接说明，但是对于保护中药资源具有十分重要的意义。

2006年3月，十届全国人民代表大会四次会议，将中医药立法的议案列为年度重点议案，这对2008年中医药立法的议案被列入十一届全国人民代表大会立法计划中起到了非常重要的作用，此后相关部门进行了全年的落实工作。在2009年国务院发布《中共中央国务院关于深化医药卫生体制改革的意见》和《国务院关于扶持和促进中医药事业发展的若干意见》，明确要求加快中医药立法工作，中医药界也一直呼吁制定一部较为全面的中医药法。

2009年5月7日，国务院颁发了《关于扶持和促进中医药事业发展的若干意见》，该意见明确指出"各地区、各有关部门要充分认识扶持和促进中医药事业发展的重要性和紧迫性，采取有效措施，全面加强中医药工作，开创中医药事业持续健康发展新局面"。

2015年12月27日，为了落实党中央、国务院有关文件精神，解决当前中医药法律制度所存在的突出问题，十二届全国人大常委会十八次会议审议通过了中医药法（草案），若其尽早获得通过，将更好地依法保障中医药事业持续稳定的发展。

2016年2月14日，国务院第一百二十三次常务会议研究讨论了《中医药发展战略规划纲要（2016—2030年）》。这是继2009年4月出台的《国务院关于扶持和促进中医药事业发展若干意见》后，国务院又一次就中医药工作进行全面部署。战略规划的颁布是党中央、国务院领导高度重视中医药事业发展的具体体现；是把中医药发展列为国家战略的具体体现；是党中央、国务院希望在医药体制改革中充分发挥中医药作用的具体体现。

第二节　中医药法律制度的发展及现状

中医药可以弥补现代卫生保健的空白，这一重要地位已逐渐为世界所公认。在我国，中医药的发展和应用尤其具有特别的优势和意义。党和国家一直高度重视中医药事业的发展对于民众健康水平的提升作用。党的十八大报告提出以农村为重点、中西医并重，重点推进医疗保障、医疗服务、公共卫生、药品供应、监管体制综合改革，并大力扶持中医药和民族医药事业发展。

一、中医药事业建设获得空前重视

改革开放以来，党中央、国务院高度重视中医药工作，制定了一系列政策措施，推动中医药事业发展，取得了显著成就。中医药总体规模不断扩大，发展水平和服务能力逐步提高，初步形成了医疗、保健、科研、教育、产业、文化整体发展新格局，对经济社会发展贡献度明显提升。2003年，国务院颁布了中医药条例；2006年，党的十六届六中全会指出"要大力扶持中医药和民族医药发展"；2007年，党的十七大报告中强调"坚持中西医并重""扶持中医药和民族医药事业发展"；2008年，十一届全国人民代表大会将中医药法列入五年立法规划；2009年，国务院出台了《关于扶持和促进中医药事业发展的若干意见》，为中医药的发展提供了有利的制度保障。国务院有关部门将中医药发展列入了国家"十一五""十二五"国民经济和社会发展规划，实施了建设国家重点研究基地、重点中医医院、贫困县中医医院、农村中医扶持等项目。

据统计，截至2014年底，全国共有中医类医院（包括中医、中西医结合、民族医医院，下同）3732所，中医类医院床位75.5万张，中医类执业（助理）医师39.8万人，2014年中医类医院总诊疗人次5.31亿。中医药在常见病、多发病、慢性病及疑难病症、重大传染病防治中的作用得到进一步彰显，得到国际社会广泛认可。2014年中药生产企业达到3813家，中药工业总产值7302亿元。中医药已经传播到183个国家和地区。

2015年4月24日，国务院办公厅印发了《中医药健康服务发展规划（2015—2020年）》，本发展规划以邓小平理论、"三个代表"重要思想、科学发展观为指导，深入贯彻党的十八大和十八届三中、四中、五中全会精神，按照党中央、国务院决策部署，在切实保障人民群众基本医疗卫生服务需求的基础上，全面深化改革，创新服务模式，鼓励多元投资，加快市场培育，充分释放中医药健康服务的潜力和活力，充分激发并满足人民群众多层次多样化的中医药健康服务需求，推动构建中国特色健康服务体系，提升中医药对国民经济和社会发展的贡献率。

中医药强调整体把握健康状态，注重个体化，防范疾病于未发，临床疗效确切，治疗方式灵活，养生保健作用突出，是我国独具特色的健康服务资源。中医药健康服务是运用中医药理念、方法、技术维护和增进人民群众身心健康的活动，主要包括中医药养生、保健、医疗、康复服务，涉及健康养老、中医药文化、健康旅游等相关服务。充分发挥中医药特色优势，加快发展中医药健康服务，是全面发展中医药事业的必然要求，是促进健康服务业发展的重要任务，对于深化医药卫生体制改革、提升全民健康素质、转变经济发展方式具有重要意义。

2016年2月，国务院印发了《中医药发展战略规划纲要（2016—2030年）》，规划指出，当前，我国进入全面建成小康社会决胜阶段，满足人民群众对中医药的服务需求，迫切需要大力发展健康服务业，拓宽中医药服务领域。深化医药卫生体制改革，加快推进健康中国建设，迫切需要在构建中国特色基本医疗制度中发挥中医药独特作用。适应未来医学从疾病医学向健康医学转变、医学模式从生物医学向生物——心理——社会模式转变的发展趋势，迫切需要继承和发展中医药的绿色健康理念、天人合一的整体观念、辨证施治和综合施治的诊疗模式、运用自然的防治手段和全生命周期的健康服务。促进经济转型升级，培育新的经济增长动能，迫切需要加大对中医药的扶持力度，进一步激发中医药原创优势，促进中医药产业提质增效。传承和弘扬中华优秀传统文化，迫切需要进一步普及和宣传中医药文化知识。

实施"走出去"战略，推进"一带一路"建设，迫切需要推动中医药海外创新发展。

二、现行中医药的相关法律法规

1982年通过的宪法规定："国家发展医药卫生事业，发展现代医药和我国传统医药。"这是从法律的层面为中医药事业健康发展和法律制度建设确立了根本法律依据和坚实的法律基础。中医药专门规范可以分为两类：一类是专门的中医药法律规范，另一类是一般性医药类法律规范。前者主要包括《中医药条例》《中药品种保护条例》《中医药继续教育基地管理办法》等；后者主要包括药品管理法、执业医师法等。有些是医药管理的一般法，同时也适用于中医药的规范管理。在现阶段，构成国家管理中医药的主要法律依据多分散规定于一般性医药类法律规范中，相关法律规范主要包括价格法、专利法、商标法、刑法等，分别从药品定价、知识产权保护、定罪量刑等不同方面对中医药进行了法律规制。

2009年至2013年，国务院相继发布《中共中央、国务院关于深化医药卫生体制改革的意见》《国务院关于扶持和促进中医药事业发展的若干意见》《国务院关于促进健康服务业发展的若干意见》等文件，明确要求加快中医药立法工作，以促进和规范中医药发展的需求。

为了落实党中央、国务院有关文件精神，解决当前存在的突出问题，原卫生部于2011年12月向国务院报送了中医药法（草案）的送审稿。国务院法制办在充分调研的基础上，会同卫生计生委、中医药局等有关部门对送审稿进行了反复研究、修改，形成了中医药法（草案）。草案已在2015年12月9日国务院常务会议讨论通过。中医药法（草案）凝聚了医学界和法学界共同的智慧，具备了比较好的立法基础，中医药法（草案）从法律的名称、立法目的、中医药的知识产权保护、权利（权力）与法律责任的对应、行政管理体系以及与药品管理法、专利法、广告法的协调等方面进一步修改和完善。

第三节　中医药法律制度的完善

2003年国务院制定的中医药条例对促进、规范中医药事业发展发挥了重要作用。但是，随着经济社会快速发展，中医药事业发展面临一些新的问题和挑战，主要表现为：立法层次较低，缺乏上位法，法律体系不协调、不统一；中医药服务能力不足，特色和优势发挥不够充分；现行医师管理、药品管理制度不能完全适应中医药特点和发展需要，一些医术确有专长的人员无法通过考试取得医师资格，医疗机构中药制剂品种萎缩明显；中医药人才培养途径比较单一，人才匮乏；中医药理论和技术方法的传承、发扬面临困难等。

中医药法律制度需要在以下几个方面完善：一是遵循中医药自身规律，建立符合中医药特点的管理制度，保持和发挥中医药特色和优势；二是贯彻深化医药卫生体制改革的要求，扶持和促进中医药事业发展，充分发挥中医药在医药卫生事业中的作用；三是坚持扶持与规范并重，在推动中医药事业发展的同时，注意预防和控制风险，保障医疗安全；四是处理好与现行执业医师法、药品管理法等法律已有的规定，做好衔接和职权划分。

一、加快中医药立法进程，完善中医药法律体系

一个完整的中医药法律体系模式应该是中医药在各层级法律规范中都有所规定，即中医药应由法律、行政法规规定较为原则、抽象的内容；具体规则应需要通过部门规章和地方性立法加以规定。中医药业内人士和相关人员呼吁修订完善中医药法律，要求专门立法的声音不断高涨，反映出在实践中对体现中医药自身规律和特色的中医药专门法律的强烈需求。

因此，中医药法治建设面临的重要任务是制定专门中医药法律，将中医药法律制度结构体系加以完善。另外中医药立法应当增强法律、法规所规定内容的科学性，即在立法过程中需要考虑中医药自身规律和特色。一个完整的中医药法律体系可以为中医药事业的发展保驾护航，真正贯彻落实对中医药事业的保护、扶持与规范管理。

二、发展中医药服务，保持和发挥中医药特色和优势

（一）加强中医药服务体系和能力建设

政府应当加强中医药服务体系建设，合理规划和配置服务资源，提升服务能力；支持社会力量创办中医医疗机构，平等对待民营和公立中医医疗机构。

（二）进一步发挥中医药的作用

发展中医药预防、保健服务，并将其纳入基本公共卫生服务项目；发挥中医药在应对突发公共卫生事件和疾病防控中的作用。

（三）保持中医药特色

中医医疗机构发展要以培养中医药专业技术人员为重点，使其提供中医药特色服务；中医药特色服务要以中医药理论为指导，运用中医药特有的技术方法，遵守中医药服务基本要求。

（四）强化政策支持和保障

政府应当为中医药事业的发展提供政策支持和条件保障，制定基本的医药卫生政策，要有利于发挥中医药的特色与优势，要有中医药主管部门参加。如将符合条件的中医药服务项目纳入基本医疗保险基金支付范围。

三、建立符合中医药特点和发展需要的中医医师、诊所准入管理制度

根据中医服务人员存在师承、家传等培养方式的实际情况，在充分考虑医疗安

全风险的基础上，对以师承方式学习中医和经多年实践医术确有专长的人员，开辟通过实践技能及效果考核即可获得中医医师资格的途径，即由省级中医药主管部门根据中医药技术方法的安全风险组织开展分类考核，考核合格即获得医师资格，并可以以个人开业的方式从事中医医疗活动。

四、强化监管、预防和控制医疗安全风险

现行执业医师法、医疗机构管理条例涵盖了对中医药服务的监管，但是规定的还是不够完善，表现在以考核方式取得中医医师资格的，只可在考核、注册的执业范围内从事中医医疗活动；中医诊所只能开展备案的诊疗范围内的医疗活动，并将诊疗范围等相关信息在诊所的明显位置公示；主管部门应当加强日常监管，并将超范围执业作为监管重点。

五、完善中药管理制度，促进中药发展

现行的药品管理法涵盖了对中药的管理，但是规定得不够完善，针对当前影响中药事业发展的主要问题还应作出相应完善：

（一）提高中药材质量

鼓励中药材规范化种植养殖；建立道地中药材评价体系，扶持道地中药材生产基地建设；规范中药材采集、贮存以及初加工；定期组织中药材质量监测，公布监测结果。

（二）完善中药饮片管理制度

医疗机构可以根据临床需要，凭处方炮制市场上没有供应的中药饮片，或者对中药饮片进行再加工。

（三）促进中药制剂发展

鼓励医疗机构配制和使用中药制剂，支持应用传统工艺配制中药制剂；对仅应用传统工艺配制的中药制剂品种和委托配制中药制剂，由现行的许可管理改为备案管理；加强对备案中药制剂品种的不良反应监测和监督检查。

六、加强中医药人才培养

（一）完善学历教育

国家建立适应中医药事业发展需要、规模适宜、结构合理、形式多样的中医药教育体系，支持专门实施中医药教育的高等学校、职业学校和其他教育机构的发展。

（二）增强人才培养的针对性

中医药教育应当遵循中医药人才成长规律，以中医药内容为主，注重中医药经典理论和中医药临床实践、现代教育方式和传统教育方式相结合。

（三）鼓励中医药师承教育

鼓励中医医师和中药技术人员在执业、业务活动中带徒授业，拓宽教育途径。

七、适应传统医药立法的国际潮流，加快中医药的国际化发展

我国应当加强中医药同世界各国医学的沟通和交流，加快中医药的国际化发展，提升我国的文化软实力，这不仅是中医药发展的需要，也是处于全球化时代的我们应当作出的坚定选择。然而我国作为传统中医医药大国，中医药的立法相较于他国明显落后，这会导致中医药的国际认可度偏低，在中医药走向世界的过程中遇到发展瓶颈。只有建立统一完善的中医药法律体系，才能为中医药国际化提供更全面、更有力的法律保障，进而加快中医药事业与国际医药事业接轨。

第五章
中医药管理法律制度

中医药是中华民族科学与文化精髓的重要载体，在世界范围内，历史最悠久、系统最完善、应用最普及的传统医药非中医药莫属。对于中医药事业的管理关乎着中医药的传承和发展，更关乎民众寻医问药的安全。我们党和国家十分重视对中医药事业的管理工作，2003年4月2日，国务院常务会议通过了中医药条例，标志着我国中医药事业的发展进一步得到了法治的保障，有利于实现由依靠行政手段管理到依靠法律手段管理的转变，促进中医药事业走上依法治业的法治化轨道。

第一节　概述

中医药条例是我国新中国成立以来第一个系统总结和全面规定中医药政策，将原有中医药政策用法规形式确定下来，并增加许多新内容的条例，其系统地反映了新时期中医药的政策。该条例以保护、扶持、发展中医药事业为目的，进一步保护了野生中药材资源，扶持了濒危动植物中药材人工代用品的研究和开发利用，进一步保障了中医药事业的发展。该条例对中医药事业的发展具有划时代意义，产生了深远的影响。

一、目的和范围
（一）目的
中医药管理目的是为了继承和发展中医药学，保障和促进中医药事业的发展，保护人体健康。

（二）范围

中医药管理的范围主要是指在我国境内从事中医医疗、预防、保健、康复服务和中医药教育、科研、对外交流以及中医药事业管理活动的单位或者个人。

二、方针与原则

（一）方针

国家保护、扶持、发展中医药事业，实行中西医并重的方针，鼓励中西医相互学习、相互补充、共同提高，推动中医、西医两种医学体系的有机结合，全面发展我国中医药事业。

（二）原则

发展中医药事业应当遵循继承与创新相结合的原则，保持和发扬中医药特色和优势，积极利用现代科学技术，促进中医药理论和实践的发展，推进中医药现代化。

三、主管部门

国务院中医药管理部门负责全国中医药管理工作。国务院有关部门在各自的职责范围内负责与中医药有关的工作。

县级以上地方人民政府负责中医药管理的部门负责本行政区域内的中医药管理工作。县级以上地方人民政府有关部门在各自的职责范围内负责与中医药有关的工作。

四、政策支持

县级以上各级人民政府应当将中医药事业纳入国民经济和社会发展计划，使中医药事业与经济、社会协调发展。

县级以上地方人民政府在制定区域卫生规划时，应当根据本地区社会、经济发展状况和居民医疗需求，统筹安排中医医疗机构的设置和布局，完善城乡中医服务网络。

第二节　中医医疗机构与从业人员

中医从业人员有着广泛、深厚的群众和社会基础，在保障人民群众健康方面发挥着重要的作用，是我国卫生服务体系中不可或缺的重要组成部分。我国人口众多，发展医药卫生事业，逐步建立基本医疗保障制度，切实解决人民群众看病难、看病贵问题，必须充分开发利用中医药资源，充分发挥中医从业人员的作用。因此，建立、健全符合中医医疗机构及其从业人员发展方式的管理制度，成为促进中医药事业蓬勃发展的关键。

一、中医医疗机构

（一）总体要求

1.设置

开办中医医疗机构，应当符合国务院卫生行政部门制定的中医医疗机构设置标准和当地区域卫生规划，并按照《医疗机构管理条例》的规定办理审批手续，取得医疗机构执业许可证后，方可从事中医医疗活动。

2.从事医疗服务活动的要求

中医医疗机构从事医疗服务活动，应当充分发挥中医药特色和优势，遵循中医药自身发展规律，运用传统理论和方法，结合现代科学技术手段，发挥中医药在防治疾病、保健、康复中的作用，为群众提供价格合理、质量优良的中医药服务。

（二）中医坐堂医诊所的管理

1.监督管理部门

国家中医药管理局负责全国中医坐堂医诊所的监督管理，县级以上地方人民政府卫生行政部门、中医药管理部门负责本行政区域内中医坐堂医诊所的监督管理。

2.设置的条件

申请设置中医坐堂医诊所的药品零售药店，必须同时具备以下条件：（1）具有《药品经营质量管理规范认证证书》《药品经营许可证》和营业执照；（2）具有独立的中药饮片营业区，饮片区面积不得少于50平方米；（3）中药饮片质量符合国家规定要求，品种齐全，数量不少于400种。

设置中医坐堂医诊所，必须按照医疗机构设置规划，由县级地方人民政府卫生行政部门、中医药管理部门根据《医疗机构管理条例》《医疗机构管理条例实施细则》和《中医坐堂医诊所基本标准》以及《中医坐堂医诊所管理办法（试行）》的有关规定进行设置审批和执业登记。

3.诊疗科目的规定

中医坐堂医诊所登记注册的诊疗科目应为《医疗机构诊疗科目名录》"中医科"科目下设的二级科目，所设科目不超过2个，并且与中医坐堂医诊所提供的医疗服务范围相对应。

4.命名

中医坐堂医诊所的命名由识别名称和通用名称依次组成，即识别名称为"药品零售药店名称和地名"，通用名称为"中医坐堂医诊所"。

5.规章制度

中医坐堂医诊所须建立、健全以下规章制度：（1）人员职业道德规范与行为准则;(2)人员岗位责任制度;(3)人员聘用、培训、管理、考核与奖惩制度;(4)技术规范与工作制度;(5)医疗事故防范与报告制度;(6)医疗质量管理制度;(7)医疗废物管理制度;(8)就诊患者登记制度;(9)财务、收费、档案、信息管理制度;(10)其他有关制度。

6. 收费的相关规定

中医坐堂医诊所要严格执行国家关于中医病历书写、处方管理的有关规定。要严格按照国家规定规范使用有关部门统一印制的收费票据。

中医坐堂医诊所应当在显著位置公示诊疗科目、诊疗手段、诊疗时间以及收费标准等。

7. 民主监督制度

县级地方人民政府卫生行政部门、中医药管理部门应当建立社会民主监督制度,定期收集接受服务公民的意见和建议,将接受服务公民的满意度作为考核中医坐堂医诊所和中医从业人员的重要标准。

二、中医从业人员

(一)从业资格的取得

中医从业人员,应当依照有关卫生管理的法律、行政法规、部门规章的规定通过资格考试,并经注册取得执业证书后,方可从事中医服务活动。

以师承方式学习中医学的人员以及确有专长的人员,应当按照国务院卫生行政部门的规定,通过执业医师或者执业助理医师资格考核考试,并经注册取得医师执业证书后,方可从事中医医疗活动。

(二)从业规定

中医从业人员应当遵守相应的中医诊断治疗原则、医疗技术标准和技术操作规范。全科医师和乡村医生应当具备中医药基本知识以及运用中医诊疗知识、技术,处理常见病和多发病的基本技能。

三、中医医疗广告

发布中医医疗广告,医疗机构应当按照规定向所在地省、自治区、直辖市人民政府负责中医药管理的部门申请并报送有关材料。省、自治区、直辖市人民政府负责中医药管理的部门应当自收到有关材料之日起10个工作日内进行审查,并作出是否核发中医医疗广告批准文号的决定。对符合规定要求的,发给中医医疗广告批准文号。未取得中医医疗广告批准文号的,不得发布中医医疗广告。发布的中医医疗广告,其内容应当与审查批准发布的内容一致。

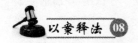

注销医疗机构执业许可证行政诉讼案

2005年8月，某社区卫生服务站向县卫生行政部门提出了变更医疗机构执业许可证执业地点的申请，县卫生行政部门同意变更，并注明有效期限为一年，2006年7月底，卫生监督机构在检查中，发现该医疗机构执业许可证已到期，出具卫生监督意见要求办理医疗机构执业许可证校验手续，并责令停止有关诊疗活动。社区卫生服务站提出校验申请，县卫生行政部门以未在规定时间提出校验申请为由拒绝该服务站延续有效期的申请。2007年8月17日，县卫生行政部门公告注销了执业许可证，8月23日，该站法定代表人徐某向县人民政府提出行政复议申请，10月25日，县人民政府作出维持的复议决定。11月8日，徐某以相同的理由向县人民法院提起行政诉讼，12月5日，县人民法院首次公开庭审，庭审中当事人自行撤诉。

根据《卫生行政许可管理办法》第四十五条规定，被许可人未按照规定申请延续和卫生行政部门不受理延续申请或者不准予延续的，卫生行政许可有效期届满后，原许可无效，由作出卫生行政许可决定的卫生行政部门注销并公布。

在本案中，执业许可证到期后，原行政许可已不复存在，实际处于无证状态，卫生行政部门应当依法予以取缔。注销是对客观上已经终止的行政许可履行一个法定程序性手续，体现了行政许可程序的完整性，在行政许可终止的事实出现的情况下，注销本身不存在改变法律后果的效力。

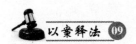

王某谋杀中医医师案

2012年10月14日，王某因病到天津某附属医院就医，该院中医医师康某为其进行了治疗。王某接受治疗后自感病痛无缓解，反而有所加重，认为系康某的针灸所致，遂生报复之念。同年11月29日13时许，王某携带斧子到该附属医院二楼康某所在的诊室，持斧子朝康某头面部猛砍数下，致康某重度颅脑损伤死亡。王某作案后从该诊室窗户跳下，受伤倒地，后被公安人员当场抓获。

中医药管理法律知识读本

72

（以案释法版）

在本案中，王某不能正确对待医患关系，无端怀疑其病症未得到缓解系中医医师康某实施治疗所致，蓄意行凶报复，持斧子闯入医院杀死医师康某，非法剥夺他人生命，犯罪手段残忍，其行为已构成故意杀人罪，情节恶劣，罪行极其严重，应依法惩处。依照刑法第二百三十二条"故意杀人的，处死刑、无期徒刑或者十年以上有期徒刑；情节较轻的，处三年以上十年以下有期徒刑"的规定，以故意杀人罪判处王某死刑，剥夺政治权利终身，依法承担刑事附带民事赔偿。

第三节　中医药教育与科研

中医药是中国民族优秀文化的精粹，是当今中国医药卫生事业中独具特色和优势的重要组成部分，国家十分重视中医药事业的发展，制定了一系列保护和扶植中医药的方针与政策，并在宪法中明确规定"发展现代医药和我国传统医药"，把"中西医并重"定为我国卫生工作方针。为促进中医药教育和科研的全面发展，我国还在机构建设和物质条件方面给予中医药事业有力的支持。

一、中医药教育

国家采取措施发展中医药教育事业，各类中医药教育机构应当加强中医药基础理论教学，重视中医药基础理论与中医药临床实践相结合，推进素质教育。

（一）中医药教育机构的设置

设立各类中医药教育机构，应当符合国家规定的设置标准，并建立符合国家规定标准的临床教学基地。中医药教育机构的设置标准，由国务院卫生行政部门会同国务院教育行政部门制定；中医药教育机构临床教学基地标准，由国务院卫生行政部门制定。

（二）教育工作者的条件

承担中医药专家学术经验和技术专长继承工作的指导老师应当具备下列条件：（1）具有较高学术水平和丰富的实践经验、技术专长和良好的职业品德；（2）从事中医药专业工作30年以上并担任高级专业技术职务10年以上。

（三）继续教育制度

1. 主管部门

省、自治区、直辖市人民政府负责中医药管理的部门应当依据国家有关规定，完善本地区中医药人员继续教育制度，制定中医药人员培训规划。

县级以上地方人民政府负责中医药管理的部门应当按照中医药人员培训规划的

要求，对城乡基层卫生服务人员进行中医药基本知识和基本技能的培训。

医疗机构应当为中医药技术人员接受继续教育创造条件。

2. 类别

继续教育基地主要分为以下几类：

（1）中医药优势学科继续教育基地：主要依托具有优势学科、特色专科的医疗、教育、科研等机构，实施本学科（专科）的中医药继续教育项目和特色技术培训，并承担本学科继续教育师资培训任务。

（2）城市社区中医药知识与技能培训基地：主要依托具有全科医学培训条件的医疗、教育等机构，实施中医类别全科医师岗位培训、规范化培训、全科医学师资培训和社区卫生服务人员中医药知识与技能培训等。城市社区中医药知识与技能培训基地根据培训内容的不同，包括城市社区中医药知识与技能理论培训基地、临床实践基地和社区实践基地。

（3）农村中医药知识与技能培训基地：主要依托县级以上医疗、教育等机构，实施农村中医药人员培训、师资培训和农村卫生服务人员中医药知识与技能培训等。

3. 基本条件

（1）中医药优势学科继续教育基地应当具备以下基本条件：

①局级中医药优势学科继续教育基地应当具有国家级重点学科、实验室，或国家中医药管理局重点学科、重点专科（专病），或国务院学位委员会认定的硕士或博士授权点等；省级中医药优势学科继续教育基地应当具有省级重点学科、重点专科（专病）、实验室，或国务院学位委员会认定的硕士或博士授权点等。

②具有满足培训需要的、相对稳定的继续教育师资队伍和现代化教学设施以及良好的教学环境。

③具有明确的分管领导、管理人员和管理制度。

（2）城市社区中医药知识与技能培训基地应当具备以下基本条件：

①理论培训基地：能够开展全科医学理论教学的中医药教育机构或三级医疗机构。临床实践基地：临床科室设置基本齐全的二级甲等或县级以上中医医院。社区实践基地：经卫生行政部门批准设立的能够满足社区卫生服务实践培训要求的社区卫生服务中心。

②具有满足培训需要的师资队伍、教学设施。

③具有明确的分管领导、管理人员和管理制度。

（3）农村中医药知识与技能培训基地应当具备以下基本条件：

①中医药教育机构或县级以上中医医疗机构，具有满足培训需要的师资队伍、教学设施、临床实践场所。

②具有明确的分管领导、管理人员和管理制度。

4. 申报认可程序

（1）申报程序

申报局级继续教育基地，由申报单位提出申请，填写《国家中医药管理局局级中医药继续教育基地申报书》，经所在省、自治区、直辖市中医药管理部门初审合格后，报国家中医药管理局。申报省级或地（市）、县级继续教育基地，由申报单位提出申请，填写《省级（地市级、县级）中医药继续教育基地申报书》，报所在省、自治区、直辖市中医药管理部门或地（市）、县中医药管理部门。

（2）认可程序

局级继续教育基地由国家中医药管理局委托局中医药继续教育委员会组织评审，国家中医药管理局审核、公布。省级或地（市）、县级继续教育基地由所在省、自治区、直辖市中医药管理部门或地（市）、县中医药管理部门委托其继续教育委员会或继续教育工作小组组织评审，所在省、自治区、直辖市中医药管理部门或地（市）、县中医药管理部门审核、公布，并报国家中医药管理局备案。

5. 职责与管理

继续教育基地实行分层次管理。国家中医药管理局负责局级继续教育基地的管理，并对省级和地（市）、县级继续教育基地进行指导和监督，省级和地（市）、县级中医药管理部门分别负责本地区继续教育基地的管理，继续教育基地所在单位负责基地的日常管理工作。

（1）局级继续教育基地。局级继续教育基地应当根据基地培训内容，逐年制定工作计划，经所在省、自治区、直辖市中医药管理部门审核后，报国家中医药管理局。

局级中医药优势学科继续教育基地是实施国家级中医药继续教育项目的主要单位，具备实施本学科（专科）国家级中医药继续教育项目并授予相应学分的资格。其拟举办的下一年度本学科（专科）国家级中医药继续教育项目，经所在省、自治区、直辖市中医药管理部门审核后，于当年10月30日前报国家中医药管理局中医药继续教育委员会备案。其学分的计算标准按照《中医药继续教育学分管理办法》执行。

（2）省级继续教育基地。省级继续教育基地应当根据基地培训内容，逐年制定工作计划，报所在省、自治区、直辖市中医药管理部门。

省级中医药优势学科继续教育基地是实施省级中医药继续教育项目的主要单位，具备实施本学科（专科）省级中医药继续教育项目并授予相应学分的资格。其拟举办的下一年度本学科（专科）省级中医药继续教育项目，于当年10月30日前报所在省、自治区、直辖市中医药继续教育委员会备案。其学分的计算标准按照《中医药继续教育学分管理办法》执行。

6.检查与评估

（1）评估制度。建立继续教育基地评估制度，对继续教育基地实行动态管理。各级中医药管理部门委托其中医药继续教育委员会或中医药继续教育工作小组定期对其负责管理的继续教育基地进行评估，评估结果应当逐级上报，并向社会公布。评估优秀的，予以表彰；评估不合格的，限期整改，逾期达不到要求的，取消其继续教育基地的资格及直接举办中医药继续教育项目的资格。

（2）自查自评制度。继续教育基地实行年度自查自评制度。局级继续教育基地年度工作总结和自查自评报告经所在省、自治区、直辖市中医药管理部门审核后，报国家中医药管理局。省级或地（市）、县级继续教育基地年度工作总结和自查自评报告，报所在省、自治区、直辖市中医药管理部门或地（市）、县中医药管理部门，并报国家中医药管理局备案。

二、中医药科研

（一）国家的支持政策

国家发展中医药科学技术，将其纳入科学技术发展规划，加强重点中医药科研机构建设。

县级以上地方人民政府应当充分利用中医药资源，重视中医药科学研究和技术开发，采取措施开发、推广、应用中医药技术成果，促进中医药科学技术发展。

（二）具体要求

（1）中医药科学研究应当注重运用传统方法和现代方法开展中医药基础理论研究和临床研究，运用中医药理论和现代科学技术开展对常见病、多发病和疑难病的防治研究。

（2）中医药科研机构、高等院校、医疗机构应当加强中医药科研的协作攻关和中医药科技成果的推广应用，培养中医药学科带头人和中青年技术骨干。

（3）捐献对中医药科学技术发展有重大意义的中医诊疗方法和中医药文献、秘方、验方的，参照《国家科学技术奖励条例》的规定给予奖励。

（三）对外交流与合作

国家支持中医药的对外交流与合作，推进中医药的国际传播。重大中医药科研成果的推广、转让、对外交流，中外合作研究中医药技术，应当经省级以上人民政府负责中医药管理的部门批准，防止重大中医药资源流失。

属于国家科学技术秘密的中医药科研成果，确需转让、对外交流的，应当符合有关保守国家秘密的法律、行政法规和部门规章的规定。

蔡某与国家医学考试中心纠纷案

蔡某于1999年报名参加执业医师资格考试，座位号是"153"，但江西省某县卫生局2000年上报江西省卫生厅，把蔡某的名字换成了"刘某"。蔡某为了查询考试成绩的有关信息，于2012年10月9日在江西省卫生厅查阅到2000年医师资格考试考生以两组不同的数据作出的相同的成绩册。2014年3月26日，蔡某向医考中心递交《国家医学考试中心信息公开申请表》，申请公开全国执业医师资格考试，江西省考区赣州市考点考生"刘某"的"准考证号码"数据，末尾数字为22000153的座位号等考试档案资料。2014年6月19日，医考中心作出答复书，告知末尾数22000153的座位号不存在。蔡某认为医考中心是制作和公布医师资格考试信息的法定机关，有公开的职责和义务，但医考中心没有公开蔡某申请的政府信息。蔡某请求法院依法确认该答复书违法，并责令医考中心依法公开政府信息。

政府信息公开条例第二条规定："本条例所称政府信息，是指行政机关在履行职责过程中制作或者获取的，以一定形式记录、保存的信息。"该条例同时规定，行政机关认为申请公开的政府信息涉及商业秘密、个人隐私，公开后可能损害第三方合法权益的，应当书面征求第三方的意见。本案中，蔡某申请公开的政府信息为"全国执业医师资格考试，江西省考区赣州市考点考生'刘某'的'准考证号码'数据，以及末尾数为22000153的座位号等考试档案资料"。医考中心根据蔡某的申请及行政复议机关的行政复议决定，对信息进行检索、查找及征求刘某本人同意后，作出答复书，向蔡某公开了刘某的准考证号、考试科目、成绩等信息，已经履行了政府信息公开的义务。对于蔡某申请公开的刘某的末尾数为22000153的座位号等相关信息，医考中心对其进行了检索、查找，已尽到搜索义务，蔡某亦不能提供证据证明医考中心制作或获取了其申请公开上述的信息。因此，医考中心告知蔡某申请获取的上述政府信息不存在，并无不当，亦履行了相应的告知义务。

根据政府信息公开条例第二十四条第二款规定："行政机关不能当场答复的，应当自收到申请之日起15个工作日内予以答复；如需延长答复期限的，应当经政府信息公开工作机构负责人同意，并告知申请人，延长答复的期限最长不得超过15个工作日。"在本案中，医考中心于2014年6月19日作出的答复书，符合上述期限规定，程序合法。

根据政府信息公开条例第二十一条第一项、第三项分别规定，对申请公开的政府信息，属于公开范围的，行政机关应当告知申请人获取该政府信息的方式和途径；依法不属于本机关公开或者该政府信息不存在的，行政机关应当告知申请人，对能够确定该政府信息的公开机关的，应当告知申请人该行政机关的名称、联系方式。该条例第二十三条同时规定，行政机关认为申请公开的政府信息涉及商业秘密、个人隐私，公开后可能损害第三方合法权益的，应当书面征求第三方的意见。本案中，医考中心收到蔡某的申请后，经检索、查找及征得刘某同意，将其查询到的刘某的准考证号、考试科目、成绩等信息向蔡某公开，将其未查询到"末尾数为22000153座位号"的查询信息结果告知蔡某，已经履行了前引《政府信息公开条例》条文所规定的义务。医考中心所作第 X 号答复书事实清楚，有法律依据。

第四节 保障措施和法律责任

我们国家十分重视保障中医药事业的发展工作，政府将中医药发展目标纳入国民经济和社会发展计划，设置中医药管理机构，配备中医药管理人员，对中医药事业财政投入的增长幅度应当高于经常性财政支出的增长幅度，并逐年提高中医药事业占经常性财政支出的比重。制定有利于促进中医药事业的保障措施与相应的法律责任，对于发挥中医药特色医疗服务具有十分重要的意义。

一、保障措施

县级以上地方人民政府对于中医药事业的保障措施主要有：

（1）应当根据中医药事业发展的需要以及本地区国民经济和社会发展状况，逐步增加对中医药事业的投入，扶持中医药事业的发展。

（2）确定的城镇职工基本医疗保险定点医疗机构，应当包括符合条件的中医医疗机构。获得定点资格的中医医疗机构，应当按照规定向参保人员提供基本医疗服务。

（3）应当采取措施加强对中医药文献的收集、整理、研究和保护工作。有关单位和中医医疗机构应当加强重要中医药文献资料的管理、保护和利用。

（4）应当加强中药材的合理开发和利用，鼓励建立中药材种植、培育基地，促进短缺中药材的开发、生产。

二、法律责任

（一）中医药管理的部门的工作人员

负责中医药管理的部门的工作人员在中医药管理工作中违反法律规定，利用职务上的便利收受他人财物或者获取其他利益，滥用职权，玩忽职守，或者发现违法行为不予查处，造成严重后果，构成犯罪的，依法追究刑事责任；尚不够刑事处罚的，依法给予降级或者撤职的行政处分。

（二）中医医疗机构

中医医疗机构有下列情形之一的，由县级以上地方人民政府负责中医药管理的部门责令限期改正；逾期不改正的，责令停业整顿，直至由原审批机关吊销其医疗机构执业许可证、取消其城镇职工基本医疗保险定点医疗机构资格，并对负有责任的主管人员和其他直接责任人员依法给予纪律处分：（1）不符合中医医疗机构设置标准的；（2）获得城镇职工基本医疗保险定点医疗机构资格，未按照规定向参保人员提供基本医疗服务的。

（三）中医药教育机构

中医药教育机构有下列情形之一的，由县级以上地方人民政府负责中医药管理的部门责令限期改正；逾期不改正的，由原审批机关予以撤销：（1）不符合规定的设置标准的；（2）没有建立符合规定标准的临床教学基地的。

（四）其他法律责任

（1）造成重大中医药资源流失和国家科学技术秘密泄露，情节严重，构成犯罪的，依法追究刑事责任；尚不够刑事处罚的，由县级以上地方人民政府负责中医药管理的部门责令改正，对负有责任的主管人员和其他直接责任人员依法给予纪律处分。

（2）损毁或者破坏中医药文献的，由县级以上地方人民政府负责中医药管理的部门责令改正，对负有责任的主管人员和其他直接责任人员依法给予纪律处分；损毁或者破坏属于国家保护文物的中医药文献，情节严重，构成犯罪的，依法追究刑事责任。

（3）篡改经批准的中医医疗广告内容的，由原审批部门撤销广告批准文号，一年内不受理该中医医疗机构的广告审批申请。

（4）负责中医药管理的部门撤销中医医疗广告批准文号后，应当自作出行政处理决定之日起5个工作日内通知广告监督管理机关。广告监督管理机关应当自收到负责中医药管理的部门通知之日起15个工作日内，依照广告法的有关规定查处。

 以案释法 11

医药广告侵权案

菏泽市某风湿病专科医院（以下简称风湿医院）是经法定部门依法批准成立的民营医院，在菏泽治疗风湿病多年，某药业公司是专业的药品生产企业，其生产的风湿马钱片主治风湿性关节炎等风湿病。2008年11月，风湿医院经他人提醒，发现某电视台自2008年7月开始，每天下午一直在播出一则含有贬损医院名誉内容的广告，风湿医院遂进行了录制，录像里一个自称患者的人称，风湿病得三四年了，在风湿医院就诊，粘了一身膏药也不见咋着，还抹得很脏，看电视看见这个风湿马钱片，就买了一盒试，吃了也不疼了，骨节回去了，摸着没有了，几个疗程下来，好了。到现在，干活也没再犯过，该风湿马钱片不错等贬损风湿医院，夸耀该药品治疗功效的内容。风湿医院遂联系该电视台，随后该电视台撤下该广告，并派电视台广告部莫某、侯某代表电视台与风湿医院接触，进行了赔礼道歉，并在2008年12月为风湿医院免费播出广告节目一个月。

 释解

　　广告法规定，广告不得贬低其他生产经营者的商品或服务。在本案中，药业公司的广告采取了对比的方法，对风湿医院的治疗功效进行了贬低，内容具有贬损风湿医院产品的成分。

　　依据广告法第二十七条的规定，广告经营者、广告发布者依据法律、行政法规查验有关证明文件，核实广告内容。对内容不实或者证明文件不全的广告，广告经营者不得提供设计、制作、代理服务，广告发布者不得发布。广告经营者、广告发布者按照国家有关规定，建立、健全广告业务的承接登记、审核、档案管理制度。广告经营者、广告发布者违反广告法的规定，贬低其他生产经营者的商品或者服务的，依法承担民事责任。

　　在本案中，某电视台作为涉案广告的发布者，未能认真审核涉案广告内容，给风湿病医院的名誉造成损害，依法应当承担民事责任。

第六章

中医药保护法律制度

中医药是我国医药事业的重要组成部分，由于中医药在医疗康复及保健方面的独特优势，越来越受到人们的欢迎。我国十分重视对传统医药的保护，为了维护我国在传统医药方面的优势地位，通过了一系列的规定来对中医药进行保护，比如《中医药专利管理办法（试行）》《中药品种保护条例》《中医药行业国家秘密及其密级具体范围的规定》等，来保障我国中医药事业的健康与可持续发展。

第一节　中医药专利保护

专利制度作为知识产权制度的一部分，是保护技术方案、工艺设计等最为重要的法律手段之一。当前，我国在中医药领域的知识产权保护体系主要有法律保护与行政保护两种形式，其中，专利保护是对中医药发明创造最重要和最有效的保护形式，对于促进和保护我国中医药自主知识产权具有重要的意义。

一、概述

（一）中医药发明创造

中医药发明创造主要包括：（1）中药制剂及制备工艺、方法（含从植物、动物、矿物中提取的有效化学单体、有效成分、有效部位的各种制剂）；（2）中医药医疗器械、设备及制造工艺；（3）含有中药的保健品、化妆美容品、食品、饮料、调味品及制备方法；（4）中医用检测试剂、卫生材料及制备方法；（5）各种中成药的包装设计及图案；（6）其他与中医药有关的发明创造。

（二）中医药主管部门的管理任务

国家中医药管理局及各省、自治区、直辖市中医药主管部门的专利管理任务是：

（1）宣传贯彻专利法；（2）培训中医药的专利人才；（3）促进中医药专利的申请、实施及许可贸易；（4）监督、协调各企事业单位以专利为核心的知识产权保护工作；（5）开展专利咨询、服务。

（三）中医药行业企事业单位专利管理工作的任务

中医药行业企事业单位专利管理工作的任务是：（1）制定开展专利工作的计划和管理制度；（2）负责本单位人员的专利法和专利知识的宣传培训工作，为职工提供有关专利事宜的咨询服务；（3）办理本单位专利申请事宜，管理本单位拥有的专利（包括交纳本单位职务发明人的专利申请费及年费）；（4）组织、管理本单位专利技术的实施、许可，负责技术产品进出口中涉及专利的工作；（5）了解与本单位有关的国内外专利申请情况和市场动向，保护本单位的专利权和防止侵犯他人专利权；（6）办理对职务发明人或设计人的奖励与报酬，鼓励和支持单位职工的发明创造活动；（7）管理与本单位有关的专利文献，并协助本单位重大课题设立前的专利文献的检索，提供本领域的专利技术情况和法律状态，以避免重复投资、研究或侵犯他人专利。

二、专利申请

中医药行业企事业单位在进行研究开发、技术改造、技术引进、技术合作等活动中做出的发明创造，要在向社会公开之前及时申请专利。

（一）职务发明概述

1.概念

职务作品是指在本职工作中或履行本单位交付的本职工作之外的任务所作出的发明创造，包括退休、调离原单位后或者劳动、人事关系终止后1年内作出的，与其在原单位承担的本职工作或者原单位分配的任务有关的发明创造。

这里所称的本单位，包括临时工作单位；所称的本单位的物质技术条件，是指本单位的资金、设备、零部件、原材料或者不对外公开的技术资料等。

2.专利申请权

（1）中医药行业企事业单位职工完成的职务发明，其专利申请权属于单位，专利申请人为法人。

（2）中医药行业企事业单位接收外来的学习、进修或合作研究人员、研究生、进修生等，其在接收单位学习或工作期间完成的发明创造，其专利申请权归接收单位持有或由协议明确所有权者持有。

（3）中医药行业企事业单位派出的出国人员（访问学者、进修人员、公派留学生等）在国外完成的发明创造，其专利申请权归派出单位持有或由协议明确的所有权者持有。

（4）在国内、国外科技合作研究开发项目时必须明确其专利申请权的归属，并在合同书中签订专利权归属的条款。

3.专利申请程序

中医药行业企事业单位职工完成的职务发明，其专利申请程序为：（1）由发明项目负责人或发明人向本单位专利管理部门提出专利申请（申报书）；（2）申报书要写明发明创造内容，说明申请专利或作为技术秘密的理由，并附文献检索报告；（3）单位专利管理部门负责对申请专利的技术内容、条件进行研究评审，提出初步意见后报单位主管专利工作的领导；（4）经专利主管领导审批后，由单位专利管理部门办理专利申请手续，或委托专利服务机构进行专利代理。

4.其他特殊性规定

（1）涉及中医药行业关键技术（炮制技术、传统中药的专有技术等）和产品申请专利，需报国家中医药管理局批准。

（2）中医药行业企事业单位在国内完成的发明创造在向外国申请专利之前，须向国家中医药管理局提出申请；由国家中医药管理局委托指定的涉外专利代理机构为其代理。

三、专利实施

持有专利的中医药企事业单位，必须组织专利实施；本单位无实施条件的，要及时许可他人实施。

中医药企事业单位的职务发明专利在许可贸易中签订专利许可合同时，必须有本单位主管专利工作的领导或专利工作者参加。

四、专利保护

凡能形成专利的中医药科学研究项目（新工艺、新方法、新产品），必须申请专利。

（一）专利申请提出前的保护

凡要申请专利的中医药职务发明，在提出专利申请前，研究人员不得进行学术交流、发表论文和参加展览；专利申请在中国专利局专利公告前，研究人员对发明研究的整体过程及技术应严格保密。

（二）专利侵权行为发生时的保护

发生专利侵权行为时，应及时报告中医药企事业单位专利管理部门，专利管理部门要协助专利权人或利害关系人进行调处，或委托当地专利管理机关进行调处；调处不能解决的，向人民法院起诉。

签订专利许可实施合同后发生的纠纷，专利许可实施合同履行过程中产生的纠纷，可通过协商或调解解决；或依据合同中的仲裁条款或事后达成的书面仲裁协议，向仲裁机构申请仲裁。合同中未签订仲裁条款，事后又没有书面仲裁协议的，可向人民法院起诉。

（三）进、出口时的保护

有关中医药技术的进出口工作，必须与中医药专利管理部门取得联系，接受业务指导，了解专利在进出口国的法律状态，以避免或减少损失。

引进技术项目和设备的中医药企事业单位，必须对涉及该项目的专利技术及专利的法律状态进行调查，并列入引进技术项目的可行性报告中，为谈判、签约提供依据。

拟出口的中医药新产品、新技术，符合申请国外专利要求的，须在出口国（地区）申请专利，不申请专利的要采取相应的保护措施。

五、奖励与惩罚

（一）奖励

（1）取得职务发明创造的专利权的中医药企事业单位，应依照专利法及其专利法实施细则的有关规定，发给发明人或者设计人奖金和报酬。一项发明专利的奖金不少于400元，一项实用新型或外观设计专利的奖金不少于200元。企业可将奖金计入成本，事业单位可从事业费中列支。

（2）中医药企事业单位职务发明创造的专利在本单位实施后，在专利有效期内发给发明人或者设计人的报酬一律以制造专利产品、使用专利方法所获得的税后利润和收取的费用中列支，不计入单位的奖金总额，不计征奖金税。发明专利或实用新型专利实施后，每年从实施发明或者实用新型所得利润纳税后提取0.05%至0.2%；外观设计专利实施后，每年从实施外观设计所得利润纳税后提取0.05%至0.2%，作为报酬发给发明人或者设计人。

（3）中医药专利持有单位，将职务发明许可其他单位或个人实施其专利后，应当从收取的专利使用费中提取5%至10%作为报酬发给发明人或设计人。

（4）中医药企事业单位职工的职务发明创造获得专利权后，单位应将专利证书复印件发给发明人或设计人，同时将该项专利及实施情况计入职工技术、业务考核档案，作为技术职务聘任和晋升的重要依据之一。

（5）中医药各级专利管理部门的主管领导、管理人员及专利管理部门，在专利管理工作中给单位带来较大经济效益或避免遭受重大经济损失的，应当根据实际情况给予表彰和奖励。

（二）惩罚

1. 中医药专利持有单位

中医药专利持有单位违反《中药品种保护条例》的规定，由上级中医药主管部门追究责任，并视情节轻重给予相应的处分。

2. 监督管理单位及工作人员

中医药行业企事业单位主管专利工作的领导及专利工作人员，因工作失误，而造成专利的流失或重大经济损失的，由上级中医药主管部门追究责任，并视情节轻重给予相应的处分。

中药专利侵权纠纷案

王某于1993年向国家专利局提出"养血清脑颗粒"的中药复方专利申请,于1999年取得专利权,该制剂是由当归、川芎、白芍、熟地、勾藤、鸡血藤、夏枯草、决明子、珍珠母、元胡、细辛所组成。经水提、浓缩、乙醇沉淀、回收乙醇、浓缩成膏、混合制粒、成品包装诸工序做成,其功能为补血养阴、活血止痛,主治血管神经性头痛、偏头痛及高血压性的头晕、头痛。王某于2005年在互联网上发现张某的"养血清脑颗粒"药品的招商广告,遂提起专利侵权诉讼。张某认为虽然其生产"养血清脑颗粒"的药品执行标准与原告的专利技术完全相同,但是"养血清脑颗粒"复方的组方早被在1981年的《中级医刊》第10期刊登的文章"头痛Ⅱ治疗偏头痛型血管性头痛45例临床小结"所公开,只是药物组分的用量略有不同。据此,张某主张自己使用的是公知技术,并不构成侵权。

专利侵权是指未经专利权人许可,以生产经营为目的,实施了依法受法律保护的有效专利。专利权保护范围是指权利人在申请专利时作为权利要求记载于权利要求书中技术特征,《最高人民法院关于审理专利纠纷案件适用法律问题的若干规定》第十七条规定,发明或者实用新型专利权的保护范围以其权利要求的内容为准,说明书及附图可以用于解释权利要求的内容,明确指出专利权的保护范围应当以权利记载的全部技术特征所确定的范围为准。

中药复方专利的权利要求通常包括复方的药味、药量、用途等独立技术特征,及对药味、药量、用途作出说明限定的从属技术特征。独立权利要求应当从整体上反映发明的技术方案,记载解决技术问题的全部技术特征,且独立权利要求所限定的保护范围最宽,因此判断专利侵权应以独立权利要求的内容作为依据,结合从属权利要求,正确适用专利侵权的判定原则。

在本案中,虽然专利药品的组方与文章"头痛Ⅱ治疗偏头痛型血管性头痛45例临床小结"公开的组方相同,作为君药的当归和川芎的含量具有较大差异,这直接导致两种药物的治疗效果产生显著区别,即存在实质性差别。因此,认定张某侵犯了王某的专利权。

第二节　中药品种保护

中药品种保护是我国一项特有的中药行政保护措施。为了提高中药品种的质量，弥补1993年以前对药品发明不给予专利保护所造成的缺憾，国务院于1992年10月14日发布了《中药品种保护条例》，并于1993年1月1日起实施。本条例作为一项特殊的行政保护手段，在提高中药品种质量等方面起到了非常积极的作用。

一、概述

（一）中药的概念

中药，是指在中医药学基本理论指导下，用于防治疾病的药物。主要包括中药材、中药饮片、中成药以及民族药。

1. 中药材

中药材，是指药用植物、动物、矿物的药用部分采收后经产地初加工形成的原料药材。中药材大部分来源于植物，药用部分有根、茎、花、果实、种子、皮等；药用动物来源于动物的骨、胆、结石、皮、肉以及脏器。

2. 中药饮片

中药饮片是中药材经过按中医药理论、中药炮制方法，经过加工炮制后的，可直接用于中医临床的中药。饮片有广义与侠义之分，广义是指供中药临床配方用的全部药材统称为"饮片"；侠义是指切制成一定形状的药材，如片、块、丝、段等称为饮片。

3. 中成药

中成药，是指根据疗效确切、应用广泛的处方、验方或秘方，以中药材为原料配制加工而成的药品，如丸、散、膏、丹、露等。

4. 民族药

少数民族使用的、以本民族传统医药理论和实践为指导的药物，称为民族药。我国是个多民族国家，各民族在与疾病抗争、维系民族生存繁衍的过程中，以各自的生活环境、自然资源、民族文化、宗教信仰等为根基，创立了具有本民族特色的医药体系。民族药在使用上有一定的地域性，如藏药、蒙药等。

（二）目的及范围

1. 目的

对中药品种进行保护的目的是为了提高中药品种的质量，保护中药生产企业的合法权益，促进中药事业的发展。

2.范围

中药品种保护的范围适用于我国境内生产制造的中药品种，包括中成药、天然药物的提取物及其制剂和中药人工制成品。

（三）主管部门

国务院卫生行政部门负责全国中药品种保护的监督管理工作，国家中药生产经营主管部门协同管理全国中药品种的保护工作。

（四）分级保护制度

国家鼓励研制开发临床有效的中药品种，对质量稳定、疗效确切的中药品种实行分级保护制度。

二、中药保护品种等级的划分和审批

（一）划分

对于列入国家、省、自治区、直辖市药品标准的品种，经国务院卫生行政部门认定，可以申请保护，受保护的中药品种分为一、二级进行保护。

1.一级保护

符合下列条件之一的中药品种，可以申请一级保护：（1）对特定疾病有特殊疗效的；（2）相当于国家一级保护野生药材物种的人工制成品；（3）用于预防和治疗特殊疾病的。

2.二级保护

符合下列条件之一的中药品种，可以申请二级保护：（1）符合本条例第六条规定的品种或者已经解除一级保护的品种；（2）对特定疾病有显著疗效的；（3）从天然药物中提取的有效物质及特殊制剂。

（二）审批

申请办理中药品种保护的程序：

（1）中药生产企业对其生产的符合规定的中药品种，可以向所在地省、自治区、直辖市中药生产经营主管部门提出申请，经中药生产经营主管部门签署意见后转送同级卫生行政部门，由省、自治区、直辖市卫生行政部门初审签署意见后，报国务院卫生行政部门。特殊情况下，中药生产企业也可以直接向国家中药生产经营主管部门提出申请，由国家中药生产经营主管部门签署意见后转送国务院卫生行政部门，或者直接向国务院卫生行政部门提出申请。

（2）国务院卫生行政部门委托国家中药品种保护审评委员会负责对申请保护的中药品种进行审评。国家中药品种保护审评委员会应当自接到申请报告书之日起六个月内作出审评结论。

（3）根据国家中药品种保护审评委员会的审评结论，由国务院卫生行政部门征求国家中药生产经营主管部门的意见后决定是否给予保护。批准保护的中药品种，由国务院卫生行政部门发给《中药保护品种证书》。

国务院卫生行政部门负责组织国家中药品种保护审评委员会，委员会成员由国务院卫生行政部门与国家中药生产经营主管部门协商后，聘请中医药方面的医疗、科研、检验及经营、管理专家担任。

（4）对批准保护的中药品种以及保护期满的中药品种，由国务院卫生行政部门在指定的专业报刊上予以公告。

三、中药保护品种的保护

（一）保护期限

中药一级保护品种分别为三十年、二十年、十年；中药二级保护品种的保护期限为七年。

（二）中药一级保护品种的保护

（1）中药一级保护品种的处方组成、工艺制法，在保护期限内由获得《中药保护品种证书》的生产企业和有关的药品生产经营主管部门、卫生行政部门及有关单位和个人负责保密，不得公开。

负有保密责任的有关部门、企业和单位应当按照国家有关规定，建立必要的保密制度。

（2）向国外转让中药一级保护品种的处方组成、工艺制法的，应当按照国家有关保密的规定办理。

（3）中药一级保护品种因特殊情况需要延长保护期限的，由生产企业在该品种保护期满前六个月，依照《中药品种保护条例》相关规定申报。延长的保护期限由国务院卫生行政部门根据国家中药品种保护审评委员会的审评结果确定；但是，每次延长的保护期限不得超过第一次批准的保护期限。

（三）中药二级保护品种的保护

（1）中药二级保护品种在保护期满后可以延长七年。

（2）申请延长保护期的中药二级保护品种，应当在保护期满前六个月，由生产企业依照《中药品种保护条例》相关规定进行申报。

（四）其他的保护规定

除临床用药急需的中药保护品种外，被批准保护的中药品种在保护期内限于由获得《中药保护品种证书》的企业生产。

国务院卫生行政部门批准保护的中药品种如果在批准前是由多家企业生产的，其中未申请《中药保护品种证书》的企业应当自公告发布之日起六个月内向国务院卫生行政部门申报，并依照《中药品种保护条例》的规定提供有关资料，由国务院卫生行政部门指定药品检验机构对该申报品种进行同品种的质量检验。国务院卫生行政部门根据检验结果，可以采取以下措施：

（1）对达到国家药品标准的，经征求国家中药生产经营主管部门意见后，补发《中药保护品种证书》。

（2）对未达到国家药品标准的，依照药品管理的法律、行政法规的规定撤销该中药品种的批准文号。

对临床用药紧缺的中药保护品种，根据国家中药生产经营主管部门提出的仿制建议，经国务院卫生行政部门批准，由仿制企业所在地的省、自治区、直辖市卫生行政部门对生产同一中药保护品种的企业发放批准文号。该企业应当付给持有《中药保护品种证书》并转让该中药品种的处方组成、工艺制法的企业合理的使用费，其数额由双方商定；双方不能达成协议的，由国务院卫生行政部门裁决。

（五）生产中药保护品种的企业的义务

生产中药保护品种的企业及中药生产经营主管部门，应当根据省、自治区、直辖市卫生行政部门提出的要求，改进生产条件，提高品种质量。

中药保护品种在保护期内向国外申请注册的，须经国务院卫生行政部门批准。

 以案释法 ⑬

制药厂诉医药公司侵害中药品种保护权案

1994年2月5日，我国卫生部向吉林省某制药厂颁发"补脑药"的《中药保护品种证书》并于2月6日卫生部予以公告。公告中注明："根据《中药品种保护条例》规定，批准以下企业生产的中药品种列为国家中药保护品种。在品种保护期内，凡未取得该品种《中药保护品种证书》的企业，一律不得生产。"在该公告中，"补脑药"列为二级保护级别。吉林省某制药厂为首家获得"补脑药"《中药保护品种证书》的企业。1994年6月，江苏省某医药公司根据江苏省卫生厅通知向国家中药品种保护审评委员会及卫生部申报，要求补发"补脑药"的《中药保护品种证书》。中药品种保护审委会于同年7月20日受理江苏省某医药公司申报，卫生部于1995年8月向江苏省某医药公司补发了《中药保护品种证书》，并于8月17日公告。吉林省制药厂起诉至法院。

 释解

《中药保护品种证书》是国家卫生行政部门为管理中药品种生产工作需要而制定的一种管理性许可证书，属于中药品种生产许可证制度的范畴。吉林省制药厂取得的《中药保护品种证书》不具有独占性，也不是一种具有排他性的由其独自享有的民事权益证书。江苏省某医药公司在吉林省某制药厂作为首家获得"补脑药"《中药保护品种证书》公告之后六个月内，及时向有关卫生行政部门申请保护同一品种，符合中药品种保护条例第十八条的规定。因此，江苏省某医药公司在1994年2月6日至1995年6月5日期间生产某牌"补脑药"中药品种的行为，并不构成对吉林省某制药厂取得的《中药保护品种证书》或其"补脑药"中药品种生产和销售的侵害。

第三节　中医药行业国家秘密

为了保守中医药行业国家秘密，维护国家安全和利益，保障中医药事业的顺利发展，1990年5月17日起《中医药行业国家秘密及其密级具体范围的规定》开始生效。在1992年7月6日，国家中医药管理局又作出了《中医药行业国家秘密及其具体范围的规定》的说明。此规定是按照法定程序制定的，具有法律效力，这充分体现了我国对于中医药行业国家秘密的保护工作的重视。

一、中医药行业国家秘密的具体范围

中医药行业国家秘密的具体范围包括：（1）未公开的中医药行业发展规划、计划及有关统计资料；（2）中医药重大科技成果、发明创造、技术革新中的关键技术、药物配方；（3）在国际市场上具有一定竞争优势的中药和传统的中成药的生产工艺技术、关键技术和药物配方；（4）解放后尚未公开出版发行的具有重要学术价值的中医药古籍文献；（5）野生药材资源的蕴藏量及有关资料；（6）未公布的中医药产品价格改革及调整方案；（7）具有重要经济价值的药用动植物饲养、栽培及防治病虫害的关键技术；（8）军需、战备、疫情用中药的储备及运输中的秘密事项；（9）中医药师、士晋升考试的试题、答案及评分标准；（10）涉外贸易或合作的谈判意图和标底；（11）中医药涉外活动中的秘密事项。

二、中医药工作中国家秘密的密级具体范围

中医药工作中国家秘密的密级具体范围如下：

绝密级事项：（1）列为国家重点保护的中药制剂的配方、生产工艺技术；（2）稀有贵细中药材人工合成品的配方、工艺技术。

机密级事项：（1）未公开的国家级和省、部级中医药科学技术研究、经济贸易的发展规划、计划；（2）未公布的中医药产品价格改革及调整方案；（3）传统中成药的特殊生产工艺和中药饮片炮制的关键技术（含中成药前处理的炮制技术）；（4）经国家和省主管部门批准的对外贸易、技术转让的谈判意图以及面向国际招标的标底；（5）具有重要经济价值的药用动植物饲养、栽培及防治病虫害的关键技术；（6）国家级和部级中医药重点科学技术研究项目的关键技术；（7）国家战备中药的储备点和储备计划；（8）中医药师、士国家级和省级考试启用前的试题、参考答案和评分标准。

秘密级事项：（1）未公开的国家中医药行业发展规划、计划、产业政策及医疗制度改革意见；（2）全国和省、自治区、直辖市野生药材资源蕴藏量及分布资料；（3）获国家和省、部级科技成果奖励的中医药项目中的关键技术或药物配方；（4）已经国家批准的发明项目的技术诀窍及可能成为专利项目的技术内容；（5）经县和县以上医疗卫生单位验证，并经省、部级中医药主管部门确认有特殊效果的民间单、验、秘方及诊疗技术诀窍；（6）全国中药产品质量数据库资料；（7）在国际市场上具有一定竞争优势或潜力的中药生产关键工艺技术及药物配方；（8）解放后尚未公开出版发行的正在进行研究中的具有重要学术价值的中医药古籍文献；（9）未公开的全国中药产、购、销、存及对外贸易统计资料；（10）军需、战备、疫情用中药的运输方案及运输流向；（11）对外合作中需要承担保密义务的事项；（12）通过非公开途径取得的国外科学技术（含资料、样品、样机）及其来源；（13）国外已有，但实行技术保密，我国通过研究取得重要进展的技术内容；（14）未公开的全国中医药事业、基本建设的基本情况报表及设备装备情况统计表。

三、内部事项的管理

中医药工作中的下列事项不属于国家秘密，但应当作为内部事项管理，不得擅自扩散：（1）我国特有的具有重要经济价值的药用动、植物繁殖材料及标本；（2）著名中医未公开发表的医案、医话手稿、经验以及模拟其思路设计的电子计算机软件；（3）具有重要学术价值和史学价值的中医药文献、文物；（4）内部参阅的各种资料、情报等。

四、其他说明性规定

（一）中医药工作中国家秘密级具体范围的说明

1.绝密级事项

（1）"列为国家重点保护的中药制剂"，是指卫生部和国家中医药管理局确定的中药制剂。如六神丸、云南白药、片仔癀等。

（2）"稀有贵细中药材人工制成品的配方、工艺"，是指传统公认的贵、稀、少的天然中药材人工制品。如人工合成麝香、牛黄等。

2.机密级事项

（1）"传统中成药的特殊生产工艺和中药饮片炮制的关键技术"，指经国家药政部门批准的中成药品种的特殊生产工艺；中药饮片的炮、润、焖、蒸、炒、炙、煅、水飞等炮制关键技术及有毒药品加工。

（2）"具有重要经济价值的药用动植物饲养、栽培及防治病虫害的关键技术"，是指创造较高经济利润的大宗出口中药材品种的饲养、栽培及防治病虫害的关键技术。如人工养麝香技术、西红花球茎增大技术及用基因工程选育的中药材新品种和抗病品种的技术诀窍等。

（3）"国家级和部级中医药重点科学技术研究项目的关键技术"，是指技术难度大，并可能取得重大经济效益和社会效益或者具有重大发展前景的国家级和部级中医药重点科技研究项目的关键技术。

3. 秘密级事项

（1）"全国和省、自治区、直辖市野生药材资源蕴藏量及分布资料"，是指近十年内野生药材资源蕴藏量及分布资料。

（2）"获国家和省、部级科技成果奖励的中药项目中的关键技术或药物配方"，是指能取得较大经济效益和社会效益获奖项目中的关键技术或药物配方。

（二）关于内部事项管理的说明

中医药工作中的下列事项不属于国家秘密，但应当作为内部事项管理，不得擅自扩散。

"我国特有的具有重要经济价值的药用动、植物繁殖材料及标本"，是指地道药材的模式标本和种源。

"著名中医未公开发表的医案、医话手稿、经验以及模拟其思路设计的电子计算机软件。"著名中医是指主任医师（教授、研究员），对某一病种确有独到的诊疗经验，并在群众中享有一定信誉的专业技术人员。

凡涉及以上保密内容的书籍、刊物、软件均需经国家中医药管理局审核批准后方可出版和对外交流。

第七章
中药成品管理法律制度

　　1984年9月20日，六届全国人大常委会七次会议通过了药品管理法，2015年4月24日十二届全国人大常委会十四次会议对药品管理法进行了全面修正。药品管理法是我国药品监督管理的基本法律，是药品监督管理法律体系的核心，是我国经济法律体系的重要组成部分。为了加强中药成品监督管理，保证中药成品质量，保障人体用药安全，维护人民身体健康和用药的合法权益，药品管理法在强调加强监督管理、确保药品质量的同时，增加了维护用药人的合法权益以及促进医药行业健康发展的内容，体现了国家对人们身体健康的高度重视及以人为本的立法精神。多年来，药品管理法对整顿和规范中药成品市场秩序，保证人们用药安全发挥了至关重要的作用。

第一节　药品生产企业与药品经营企业管理

　　在社会主义市场经济体制下，药品本身是一种商品，药品生产企业与经营企业是生产与经营药品的机构。药品管理法规定药品生产企业把自己研制的新药上报至药品监督管理局，经过法定的监管程序，符合实体性要求的药品才可以进入市场，药品生产企业与药品经营企业才能够参与到市场竞争中来。可见，对于药品生产企业与经营企业的管理是保障人们安全用药的前提条件。在实践中，药品监督管理部门严格履行职责，加强对药品生产与经营企业的监督可以有效保障药品质量和人们用药安全。

一、药品生产企业管理

（一）开办药品生产企业必须具备的条件

开办药品生产企业，须经企业所在地省、自治区、直辖市人民政府药品监督管理部门批准并发给《药品生产许可证》且应当标明有效期和生产范围，到期重新审查发证。药品监督管理部门批准开办药品生产企业还应当符合国家制定的药品行业发展规划和产业政策，防止重复建设。

具体说来，开办药品生产企业，必须具备以下条件：（1）具有依法经过资格认定的药学技术人员、工程技术人员及相应的技术工人；（2）具有与其药品生产相适应的厂房、设施和卫生环境；（3）具有能对所生产药品进行质量管理和质量检验的机构、人员以及必要的仪器设备；（4）具有保证药品质量的规章制度。

（二）药品生产企业组织生产的要求

国务院药品监督管理部门规定了《药品生产质量管理规范》的具体实施办法、实施步骤，药品生产企业必须按照其组织生产。具体说来主要有下列要求：

（1）中药饮片必须按照国家药品标准炮制；国家药品标准没有规定的，必须按照省、自治区、直辖市人民政府药品监督管理部门制定的炮制规范炮制。省、自治区、直辖市人民政府药品监督管理部门制定的炮制规范应当报国务院药品监督管理部门备案。除中药饮片的炮制外，药品必须按照国家药品标准和国务院药品监督管理部门批准的生产工艺进行生产，生产记录必须完整准确。药品生产企业改变影响药品质量的生产工艺的，必须报原批准部门审核批准。

（2）生产药品所需的原料、辅料，必须符合药用要求。药品生产企业必须对其生产的药品进行质量检验；不符合国家药品标准或者不按照省、自治区、直辖市人民政府药品监督管理部门制定的中药饮片炮制规范炮制的，不得出厂。

（3）经省、自治区、直辖市人民政府药品监督管理部门批准，药品生产企业可以接受委托生产药品。

二、药品经营企业管理

（一）开办药品批发企业和药品零售企业的程序要求

开办药品批发企业，须经企业所在地省、自治区、直辖市人民政府药品监督管理部门批准并发给《药品经营许可证》；开办药品零售企业，须经企业所在地县级以上地方药品监督管理部门批准并发给《药品经营许可证》。《药品经营许可证》应当标明有效期和经营范围，到期重新审查发证。此外，药品监督管理部门批准开办药品经营企业应当遵循合理布局和方便群众购药的原则。

（二）开办药品经营企业的条件

开办药品经营企业必须具备以下条件：（1）具有依法经过资格认定的药学技术人员；（2）具有与所经营药品相适应的营业场所、设备、仓储设施、卫生环境；

（3）具有与所经营药品相适应的质量管理机构或者人员；（4）具有保证所经营药品质量的规章制度。

（三）关于《药品经营质量管理规范》的相关规定

国务院药品监督管理部门规定了《药品经营质量管理规范》的具体实施办法、实施步骤。药品经营企业必须依法经营药品。药品监督管理部门按照规定对药品经营企业是否符合《药品经营质量管理规范》的要求进行认证；对认证合格的，发给认证证书。

（四）药品经营企业药品购进、购销、销售行为的规定

1. 药品购进

药品经营企业购进药品，必须建立并执行进货检查验收制度，验明药品合格证明和其他标识；不符合规定要求的，不得购进。

2. 药品购销

药品经营企业购销药品，必须有真实完整的购销记录。购销记录必须注明药品的通用名称、剂型、规格、批号、有效期、生产厂商、购（销）货单位、购（销）货数量、购销价格、购（销）货日期及国务院药品监督管理部门规定的其他内容。

3. 药品销售

药品经营企业销售药品必须准确无误，并正确说明用法、用量和注意事项；调配处方必须经过核对，对处方所列药品不得擅自更改或者代用。对有配伍禁忌或者超剂量的处方，应当拒绝调配；必要时，经处方医师更正或者重新签字，方可调配。药品经营企业销售中药材，必须标明产地。

（五）药品经营企业药品保管条件和行为规定

药品经营企业必须制定和执行药品保管制度，采取必要的冷藏、防冻、防潮、防虫、防鼠等措施，保证药品质量。药品入库和出库必须执行检查制度。

（六）城乡集市贸易市场出售中药材及中药材以外药品的规定

除了国务院另有规定的以外，城乡集市贸易市场可以出售中药材。

城乡集市贸易市场不得出售中药材以外的药品，但持有《药品经营许可证》的药品零售企业在规定的范围内可以在城乡集市贸易市场设点出售中药材以外的药品。

 **以案释法** 14

李某诉某市食品药品监督管理局案

2012年11月29日，李某向广东省某市食品药品监督管理局（以下简称监管局）递交信访举报书，以其于2012年7月17日在某市某医药有限公司购买的"冬虫夏草

NO：118"一盒，质量不合格为由，要求监管局查处。监管局接到举报后，于2012年12月12日派执法人员进入被举报人现场检查，并根据检查结果以及相关法律规定，于2012年12月20日作出关于举报某医药有限公司销售冬虫夏草有关情况的函复，并在2013年1月4日送达李某。

2013年1月15日，监管局接到该市委、市政府信访局转交的有关李某信访件《关于市药监局"函复"问题的反映》，内容是李某对2013年1月4日收到的监管局2012年12月20日所作《关于举报某医药有限公司销售冬虫夏草有关情况的函复》后，认为该答复内容不当。监管局于2013年1月25日再次以《关于李某举报某医药有限公司销售冬虫夏草有关情况的回复》回复该市信访局说明情况，并于2013年1月31日电话通知李某于次日到监管局处，进行当面解释。李某不服回复，提起行政诉讼，认为监管局对自己的举报未认真履行其职责，属于行政不作为，要求法院判令监管局履行职责。一审法院判决驳回原告李某的诉讼请求，李某不服原审判决，提起上诉，请求撤销原审判决，改判监管局依法全面认真履行职责。

 释解

本案是李某针对监管局不履行法定职责提起的行政诉讼。根据广东省机构编制委员会办公室《关于明确我省冬虫夏草部门监管职责的通知》规定："广东省不专门针对冬虫夏草实施经营许可，省食品药品监督管理局依法对上市流通的冬虫夏草的质量开展监督检查。"据此，对上市流通的冬虫夏草的质量监督，属于监管局的法定职责。

李某举报的是广东省某市某医药有限公司违法销售的"冬虫夏草"存在的质量问题。"冬虫夏草"属于中药材，是药品的范畴，属于药品管理法所调整的范围。监管局在接到李某举报信后，依职权对李某的举报事项进行了调查，并派执法人员进入被举报人现场检查。经核实，广东省某市某医药有限公司销售的散装冬虫夏草货卡标示产地为青海，符合药品管理法第十九条第二款"药品经营企业销售中药材，必须标明产地"的规定。

药品管理法第二十一条还规定，城乡集市贸易市场可以出售中药材，国务院另有规定的除外。本案中，监管局对于李某提出的冬虫夏草质量问题已经书面告知其到有资质的鉴定机构进行鉴定。对于该市委、市政府信访部门转办李某的信访件，监管局亦向转办单位作出了回复说明，同时再次向李某作出回复。至于李某认为广东省某市某医药有限公司销售的冬虫夏草质量有问题，在举报时应提供相应证据先初步举证证明。由于目前中草药这方面的监管是相对较为薄弱的，人力物力均不足。目前我国未对中药材上市流通实施批号管理，广东省也规定"我省不专门针对冬虫夏草实施经营许可"。

综上所述，监管局针对李某举报的事项以及相关部门转办的事项，已经按照法律规定和职责权限进行了调查，并依法进行处理，并及时给予答复，不存在行政不作为的问题，人民法院判决驳回上诉，维持原判。

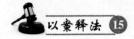
以案释法 15

张某生产、销售假药案

2011年以来，张某在未取得《药品生产许可证》《医疗机构制剂许可证》的情况下，在位于武汉市的某中医内科诊所内，将中草药配制成"补肾灵""消炎方""止血方"等中成药品向患者销售。2012年8月17日，武汉市食品药品监督管理局江岸分局对该诊所进行检查，现场查获大量张某自制的中成药制剂成品、处方及药品封装袋、处方标签等物。

释解

药品管理法第一百条规定，药品，是指用于预防、治疗、诊断人的疾病，有目的地调节人的生理机能并规定有适应症或者功能主治、用法和用量的物质，包括中药材、中药饮片、中成药、化学原料药及其制剂、抗生素、生化药品、放射性药品、血清、疫苗、血液制品和诊断药品等。本案中，从张某中医内科诊所查扣的物品均标明"补肾""消炎""止血"等功能作用，且由张某以医师的身份、以临床处方的形式向患者销售，用于治疗人的疾病。对照上述规定，应当视为药品。

根据药品管理法的规定，医疗机构制剂均需国家药品监督管理部门批准；依法必须批准而未经批准生产的，应当认定为假药。张某开办的诊所未取得《药品生产许可证》《医疗机构制剂许可证》，其生产药品未经批准，违反了国家关于生产药品的法律规定，依法应当按假药处理。

刑法第一百四十一条规定的生产、销售假药罪是行为犯，只要行为人实施了生产、销售假药的行为，即构成犯罪，不需要具有"足以危害人体健康"的具体危险或实际产生了危害人体健康的后果。因此，药品是否具有毒害性不是生产、销售假药罪的构成要件。如果药品具有毒害性，发生了严重危害人体健康的后果或具有其他严重情节，则是作为法定刑升格加重处罚的要素。故本案中张某生产的药品虽然未造成患者伤亡，但并不影响其行为构成犯罪。

根据刑法、药品管理法的相关规定，张某明知其所在的医疗机构未获得相关行政许可，不具备生产药品的资格，而生产、销售药品，侵犯了国家药品管理制度，妨害了药品生产、销售的管理秩序，其行为构成了生产、销售假药罪，考虑到犯罪情节相对较轻，其主观恶性和人身危险性较小。武汉市江岸区人民法院酌情予以从轻处罚，判决张某犯生产、销售假药罪，判处拘役六个月，并处罚金人民币2000元。

第二节　医疗机构的药剂管理

医疗机构的药剂管理是指，根据临床需要采购药品、自制制剂、贮存药品、分发药品、进行药品的质量管理和经济管理。在我国，使用药物诊断以及防治疾病是医疗工作中的重要环节，因此加强医疗机构的药剂管理对提高药品质量和医疗水平有着十分重要的影响。

一、药品生产企业管理

（一）从事医疗机构药剂技术工作的人员规定

医疗机构必须配备依法经过资格认定的药学技术人员，非药学技术人员不得直接从事药剂技术工作。

（二）医疗机构制剂许可证的审批、品种审批及使用管理

1. 许可证的审批

医疗机构配制制剂，须经所在地省、自治区、直辖市人民政府卫生行政部门审核同意，由省、自治区、直辖市人民政府药品监督管理部门批准，发给《医疗机构制剂许可证》，在制剂许可证上应当标明有效期，到期重新审查发证。若无制剂许可证的医疗机构，不得配制制剂。

2. 品种的审批

医疗机构配制的制剂，应当是本单位临床需要而市场上没有供应的品种，并须经所在地省、自治区、直辖市人民政府药品监督管理部门批准后方可配制。配制的制剂必须按照规定进行质量检验；合格的，凭医师处方在本医疗机构使用。特殊情况下，经国务院或者省、自治区、直辖市人民政府的药品监督管理部门批准，医疗机构配制的制剂可以在指定的医疗机构之间调剂使用。

3. 使用管理

医疗机构配制的制剂，不得在市场销售且医疗机构在配制制剂时，必须具有能够保证制剂质量的设施、管理制度、检验仪器和卫生条件。

（三）购进及保管药品管理的规定

1. 药品购进

医疗机构购进药品，必须建立并执行进货检查验收制度，验明药品合格证明和其他标识；不符合规定要求的，不得购进和使用。

2. 药品保管

医疗机构必须制定和执行药品保管制度，采取必要的冷藏、防冻、防潮、防虫、防鼠等措施，保证药品质量。

（四）调配处方的规定

医疗机构的药剂人员调配处方，必须经过核对，对处方所列药品不得擅自更改或者代用。对有配伍禁忌或者超剂量的处方，应当拒绝调配；必要时，经处方医师更正或者重新签字，方可调配。

某医院药剂科主任受贿案

2006年6月起，张某任某医院药剂科主任。药剂科属医院内设科室。根据工作职责分工，负责保障医院各科室临床用药，对药品进行采购、储存保管、养护和药品的调剂发放。2007年3月至2009年6月期间，张某利用其职务之便，收受药品供应商唐某供应的药品左氧氟沙星注射液、河南某药业有限公司孟某供应的药品利福平注射液提成款共计108.1363万元。其中，2007年4月至2009年6月，该医院共使用唐某所供左氧氟沙星注射液10.1555万支，共给张某提成款39.3942万元；使用孟某所供利福平注射液9.8203万支，共给张某提成款68.7421万元。其中张某将67.6236万元药品提成款分给其科室相关人员和业务科室人员后，个人得药品提成款40.5127万元。张某将40.5127万元据为己有，用于购买基金支出17万元，用于网络游戏购买虚拟装备支出6.9万元，个人日常消费支出7.6127万元，剩余9万元，在调查期间已收缴。张某在被立案侦查前接受纪律检查机关调查询问时，主动交代了上述犯罪事实。

张某被某医院聘任为该院药剂科主任，具体负责药品的采购和供应，其是代表医院行使权力，应属于国有事业单位从事公务的人员，其利用职务之便收受回扣40.5127万元的行为已构成受贿罪。其案发后，张某能积极退回大部分违法所得，悔罪态度较好，可酌情从轻处罚。张某在被立案侦查前接受纪律检查机关调查询问时，主动交代了自己的犯罪事实，是自首，可对其减轻处罚。

依照刑法第九十三条第二款规定："国有公司、企业、事业单位、人民团体中从事公务的人员和国家机关、国有公司、企业、事业单位委派到非国有公司、企业、事业单位、社会团体从事公务的人员，以及其他依照法律从事公务的人员，以国家工作人员论。"第三百八十五条第一款规定："国家工作人员利用职务上的便利，索取他人财物的，或者非法收受他人财物，为他人谋取利益的，是受贿罪。"

最终，人民法院判决张某犯受贿罪，判处有期徒刑七年。

医疗损害责任纠纷案

2014年11月1日，王某因拉肚子在家人陪同下至安徽省宿州市某县人民医院（以下简称县医院）就诊。由于县医院医护人员的粗心大意，错将不应输入王某体内的药物以输液方式输入王某体内。王某随即因药物反应而出现面无血色、嘴唇紫绀、手脚发凉、呼吸骤停的症状，随即被送进重症监护室抢救。当日下午三时县医院发出病危通知，并建议和协助将王某转往徐州市儿童医院抢救。经该院诊断：王某为脑损伤综合征，后转往南京儿童医院治疗。之后，王某一直处在昏迷之中。为治疗王某疾病，王某父母已支出医疗费94659.67元、交通费1612.5元、住宿费6833元，现家中经济出现严重困难。王某父母请求法院支持该县医院支付王某的医疗费94659.67元、住宿费6833元、交通费1612.5元，合计103105.17元。

根据药品管理法第二十二条规定，医疗机构必须配备依法经过资格认定的药学技术人员。非药学技术人员不得直接从事药剂技术工作。《处方管理办法》第二十九条也规定，取得药学专业技术职务任职资格的人员方可从事处方调剂工作。在本案中，县医院调剂药品的护士在没有相关执业资质的情况下，粗心大意、严重不负责任，错误地将药物输入王某体内，致使王某脑部、心脏受损严重，侵犯了王某的生命健康权，使王某及其家属遭受极大痛苦，经济上蒙受严重损失。

根据《处方管理办法》第三十三条规定，药师应当按照操作规程调剂处方药品，认真审核处方，准确调配药品，正确书写药袋或粘贴标签，注明患者姓名和药品名称、用法、用量、包装；患者交付药品时，按照药品说明书或者处方用法，进行用药交待与指导，包括每种药品的用法、用量、注意事项等。药师应当对处方用药适宜性进行审核。在本案中，王某因腹泻至该县医院处就诊，县医院处医生为其开具的处方上并无硫酸镁注射液（该药品可作为抗惊厥药，常用于妊娠高血压，也用于治疗早产），门诊输液大厅配药护士虽称已经进行了检查工作，却为王某输入了不应该输入体内的药物。

综上，县医院在为王某的诊疗过程中存在多处明显过错，过错与王某的损害后果之间存在直接的因果关系，县医院应对王某的损害后果承担赔偿责任。该县人民法院判决县医院赔偿王某医疗费、交通费、住宿费共计103105.17元。如果未按判决指定的期间履行给付金钱的义务，应当依照民事诉讼法的规定，加倍支付迟延履行期间的债务利息。

第三节　药品及药品包装的管理

药品是人们防病治病、保护健康必不可少的商品。药品不同于一般商品，它的特殊性在于直接作用于人体，与人的生命安全和身体健康息息相关。药品及药品包装的管理是药品管理法中的重要组成部分，它是对该法规定的主要调整对象"药品"及其包装提出的具体的、基本的要求。这部分内容主要涉及药品的研制、生产以及临床使用的全过程，这是对药品实施监督管理的最基本的规定，是保障药品质量、保障人们的用药安全、维护人们健康的关键部分。

一、药品管理

（一）新药的研制和审核批准

研制新药，必须按照国务院药品监督管理部门的规定如实报送研制方法、质量指标、药理及毒理试验结果等有关资料和样品，经国务院药品监督管理部门批准后，方可进行临床试验。完成临床试验并通过审批的新药，由国务院药品监督管理部门批准，发给新药证书。

国务院药品监督管理部门与国务院卫生行政部门共同制定药物临床试验机构资格的认定办法。

（二）药品生产批准文号、药品标准及标准品、对照品、药品通用名称的管理

1. 药品生产批准文号

生产新药或者已有国家标准的药品的，须经国务院药品监督管理部门批准，并发给药品批准文号；但是，生产没有实施批准文号管理的中药材和中药饮片除外。药品生产企业在取得药品批准文号后，方可生产该药品。

国务院药品监督管理部门与国务院中医药管理部门制定实施批准文号管理的中药材、中药饮片品种目录。

2. 药品标准及标准品、对照品

国务院药品监督管理部门颁布的《药典》和药品标准为国家药品标准，药品必须符合国家药品标准。

国务院药品监督管理部门的药品检验机构负责标定国家药品标准品、对照品。

3. 药品通用名称

列入国家药品标准的药品名称为药品通用名称。已经作为药品通用名称的，该名称不得作为药品商标使用。

（三）关于假药和劣药的认定以及按假药处理和按劣药处理的法律规定

1. 关于假药的认定

药品管理法明文规定禁止生产（包括配制）、销售假药。有下列情形之一的，为假药：

（1）药品所含成份与国家药品标准规定的成份不符的；

（2）以非药品冒充药品或者以他种药品冒充此种药品的。

有下列情形之一的药品，按假药论处：（1）国务院药品监督管理部门规定禁止使用的；（2）依照相关规定必须检验而未经检验即销售的；（3）变质的；（4）被污染的；（5）使用依法必须取得批准文号而未取得批准文号的原料药生产的；（6）所标明的适应症或者功能主治超出规定范围的。

2. 关于劣药的认定

药品管理法明文规定禁止生产、销售劣药。药品成份的含量不符合国家药品标准的，为劣药。有下列情形之一的药品，按劣药论处：（1）未标明有效期或者更改有效期的；（2）不注明或者更改生产批号的；（3）超过有效期的；（4）直接接触药品的包装材料和容器未经批准的；（5）擅自添加着色剂、防腐剂、香料、矫味剂及辅料的；（6）其他不符合药品标准规定的。

（四）药品进口、出口的管理

1. 主管部门的职责

国务院药品监督管理部门负责组织审查药品进口事项，经审查确认符合质量标准、安全有效的，方可批准进口，并发给进口药品注册证书。医疗单位临床急需或者个人自用进口的少量药品，按照国家有关规定办理进口手续。

2. 程序性要求

药品必须从允许药品进口的口岸进口，并由进口药品的企业向口岸所在地药品监督管理部门登记备案。海关凭药品监督管理部门出具的《进口药品通关单》放行，无《进口药品通关单》的，海关不得放行。口岸所在地药品监督管理部门应当通知药品检验机构按照国务院药品监督管理部门的规定对进口药品进行抽查检验。

3. 禁止销售、进口的药品

国务院药品监督管理部门对下列药品在销售前或者进口时，指定药品检验机构进行检验；检验不合格的，不得销售或者进口：（1）国务院药品监督管理部门规定的生物制品；（2）首次在中国销售的药品；（3）国务院规定的其他药品。

4. 对已经批准生产或者进口药品的管理

国务院药品监督管理部门对已经批准生产或者进口的药品，应当组织调查；对疗效不确、不良反应大或者其他原因危害人体健康的药品，应当撤销批准文号或者进口药品注册证书。

被撤销批准文号或者进口药品注册证书的药品，不得生产或者进口、销售和使用；已经生产或者进口的，由当地药品监督管理部门监督销毁或者处理。

（五）对新发现的和从国外引种的药材以及民间习用药材的管理

对于新发现和从国外引种的药材，经国务院药品监督管理部门审核批准后，方可销售。

国务院药品监督管理部门会同国务院中医药管理部门制定地区性民间习用药材的管理办法。

（六）对药品从业有关人员卫生的要求

药品生产企业、药品经营企业和医疗机构直接接触药品的工作人员，必须每年进行健康检查。患有传染病或者其他可能污染药品的疾病的，不得从事直接接触药品的工作。

二、药品包装的管理

（一）直接接触药品的包装材料和容器

直接接触药品的包装材料和容器，必须符合药用要求，符合保障人体健康、安全的标准，并由药品监督管理部门在审批药品时一并审批。药品生产企业不得使用未经批准的直接接触药品的包装材料和容器。对不合格的直接接触药品的包装材料和容器，药品监督管理部门有权责令药品生产企业停止使用。

（二）药品包装

药品包装必须适合药品质量的要求，方便储存、运输和医疗使用。

发运中药材必须有包装。在每件包装上，必须注明品名、产地、日期、调出单位，并附有质量合格的标志。

（三）药品标签和说明书

药品包装必须按照规定印有或者贴有标签并附有说明书。

标签或者说明书上必须注明药品的通用名称、成份、规格、生产企业、批准文号、产品批号、生产日期、有效期、适应症或者功能主治、用法、用量、禁忌、不良反应和注意事项。

麻醉药品、精神药品、医疗用毒性药品、放射性药品、外用药品和非处方药的标签，必须印有规定的标志。

管某、郭某私自销售中草药制剂案

管某、郭某经预谋后，于2013年8月20日到达北京市延庆县，入住位于延庆镇的某旅店。在未经国家有关部门批准的情况下，用某中草药为原料自制成膏药、中草药丸、水剂三种药品，并在延庆县旧县镇某村路边及县城某夜市处设摊行医，以"祖传秘方，专治腰酸疼痛等多种疑难杂症，按疗程服用即可治愈"为幌子，以纸质膏药每贴10元、布质膏药每贴20元，买膏药送药丸等销售方式，向胡某、郝某等25人出售膏药，获取人民币5825元。2013年9月6日，被告人管某被公安机关抓获，查扣相关物品膏药一包（1700贴）、中草药丸一瓶（556粒）、水剂一瓶、胶囊两瓶、打火机两个、酒精灯（用易拉罐自制）一个。后管某、郭某被公安机关抓获。经北京市药品监督管理局认定，管某、郭某配制、销售的膏药、中草药丸、水剂应按假药论处。本案在审理过程中，被告人管某、郭某的家属将其二人出售假药获取的人民币5825元予以退赔。

管某、郭某无视国家法律，非法生产、销售假药，其行为均已构成销售假药罪，应予刑罚处罚。北京市延庆县人民检察院指控管某、郭某犯生产、销售假药罪的事实清楚、证据确实充分，指控的罪名成立。管某、郭某在共同犯罪过程中所起作用相当，故不宜区分主从犯，管某、郭某到案后均能如实供述犯罪事实，认罪态度较好，且积极退出犯罪所得，依法予以从轻处罚。

依照刑法第一百四十一条规定："生产、销售假药的，处三年以下有期徒刑或者拘役，并处罚金；对人体健康造成严重危害或者有其他严重情节的，处三年以上十年以下有期徒刑，并处罚金；致人死亡或者有其他特别严重情节的，处十年以上有期徒刑、无期徒刑或者死刑，并处罚金或者没收财产。"

最终，法院判决管某犯生产、销售假药罪，判处有期徒刑六个月，并处罚金人民币二千元；郭某犯生产、销售假药罪，判处有期徒刑六个月，并处罚金人民币二千元；在案扣押的膏药一包（1700贴）、中草药丸一瓶（556粒）、水剂一瓶、胶囊两瓶、打火机两个、酒精灯（用易拉罐自制）一个，依法予以没收。

第四节　药品价格和广告的管理

药品价格始终是社会各界关注的热点问题，是民生问题的重要方面。近些年来，政府一直重视药品价格的监督和管理，也在具体的工作中有所改善。但是，目前在各种媒体上关于假药、劣药、非法药品的广告横飞，老百姓依旧存在着有病无钱医的状况，药品价格和广告的管理体系还有待于进一步优化。为了实现良好的药品监管秩序，政府应增强调控力度，兼顾各方利益均衡，实行差异化价格管理，科学确定定价依据以及优化政府定价部门的职能，并对虚假、不实药品广告进行管理。在司法实践中，药品管理法还应当与价格法、广告法以及反不正当竞争法充分衔接，以便于更好地对药品价格和广告进行管理。

一、药品价格的管理

（一）经营者自主定价必须遵守的基本行为准则

依法实行市场调节价的药品，药品的生产企业、经营企业和医疗机构应当按照公平、合理和诚实信用、质价相符的原则制定价格，为用药者提供价格合理的药品。

药品的生产企业、经营企业和医疗机构应当遵守国务院价格主管部门关于药价管理的规定，制定和标明药品零售价格，禁止暴利和损害用药者利益的价格欺诈行为，还应当依法向政府价格主管部门提供其药品的实际购销价格和购销数量等资料。

（二）医疗机构的药品价格管理

医疗机构应当向患者提供所用药品的价格清单；医疗保险定点医疗机构还应当按照规定的办法如实公布其常用药品的价格，加强合理用药的管理。

（三）药品购销活动中的禁止行为

禁止药品的生产企业、经营企业和医疗机构在药品购销中账外暗中给予、收受回扣或者其他利益。

禁止药品的生产企业、经营企业或者其代理人以任何名义给予使用其药品的医疗机构的负责人、药品采购人员、医师等有关人员以财物或者其他利益。禁止医疗机构的负责人、药品采购人员、医师等有关人员以任何名义收受药品的生产企业、经营企业或者其代理人给予的财物或者其他利益。

二、药品广告的管理

（一）药品广告审批

药品广告须经企业所在地省、自治区、直辖市人民政府药品监督管理部门批准，并发给药品广告批准文号；未取得药品广告批准文号的，不得发布。

处方药可以在国务院卫生行政部门和国务院药品监督管理部门共同指定的医学、

药学专业刊物上介绍，但不得在大众传播媒介发布广告或者以其他方式进行以公众为对象的广告宣传。

（二）药品广告内容

药品广告的内容必须真实、合法，以国务院药品监督管理部门批准的说明书为准，不得含有虚假的内容。

药品广告不得含有不科学的表示功效的断言或者保证；不得利用国家机关、医药科研单位、学术机构或者专家、学者、医师、患者的名义和形象作证明。

非药品广告不得有涉及药品的宣传。

（三）检查、处理批准后的药品广告

省、自治区、直辖市人民政府药品监督管理部门应当对其批准的药品广告进行检查，对于违反药品管理法和广告法的广告，应当向广告监督管理机关通报并提出处理建议，广告监督管理机关应当依法作出处理。

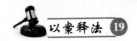
以案释法 ⑲

忽视药品广告监管可能构成玩忽职守罪

2011年7月12日，河北省保定市徐水区某广告传媒有限公司（以下简称广告公司）与某电视台签订广告代理协议，代理某电视台播出节目的广告时段，代理期限自2011年7月14日至2013年7月13日，代理费用为253万元。2011年7月15日至2013年4月间，广告公司为药商苏某播出郑州某生物科技有限公司生产的"欣康"胶囊药品广告，苏某向广告公司支付广告费用43万元。经河北省食品药品监督管理局复函及河南省食品药品监督管理局行政审批办公室证明，国家食品药品监督管理总局药品广告审查监督管理系统2011年1月1日至2013年12月31日数据库中，无"欣康"胶囊药品广告批准文号。2012年10月31日，时任某工商行政管理局商标广告监督管理科科长李某、副科长张某对某电视台下发停止发布（药品）广告通知书，但通知书（存根）中未涉及"欣康"胶囊药品。李某、张某身为国家机关工作人员，工作严重不负责任，不正确履行监管职责，致使电视台违法药品广告得以播放长达近两年之久，二人在发现电视台播放违法药品广告后不按相关法律规定立案查处，不作出相应的行政处罚，致使国家利益遭受重大损失，其行为侵犯了国家机关正常管理活动，已构成玩忽职守罪。2015年8月16日，李某、张某到保定市某人民检察院投案。

释解

根据药品管理法第五十九条规定，药品广告须经企业所在地省、自治区、直辖市人民政府药品监督管理部门批准，并发给药品广告批准文号；未取得药品广告批准文号的，不得发布。在本案中，被告人李某、张某作为广告监督管理机关的工作人员，对电视台长期违法发布药品广告不正确履行监督管理职责，亦未按相关法律规定作出行政处罚，致使国家利益遭受重大损失。鉴于二被告在尚未受到调查谈话前，主动向检察机关投案自首，确有悔罪表现，且2015年4月24日修订前的广告法只对违法广告如何处罚作出了规定，但对广告监督机关查处违法广告的职权未明确规定，造成广告监督机关客观上查处困难，以及工商行政管理局已对本案所涉违法药品广告进行立案调查的实际情况，二被告人犯罪情节轻微，可免予刑事处罚。

第五节　药品监督及相关法律责任

在社会主义市场经济体制中，药品作为一种特殊商品在市场领域进行流通，它与人类最基本的需求密切相关。对药品行业的市场进行监督就是为了向社会大众普及药品法律信息、预防药品违法犯罪现象发生进而保障人们的用药安全。对于破坏国家管理药品生产、流通秩序的行为，药品管理法不仅要明确相应的法律责任，还要严厉打击违法犯罪行为。一个国家的药品立法再完善，司法再强大，没有良好的市场监管行为也终究不会对药品市场起到的保障作用。只有树立了良好的监管观念，运用合法、合理的监管手段，才能实现法律效果、社会效果和整治效果的统一。

一、药品监督

（一）药品监督管理部门职责

药品监督管理部门有权按照法律、行政法规的规定对报经其审批的药品研制和药品的生产、经营以及医疗机构使用药品的事项进行监督检查，有关单位和个人不得拒绝和隐瞒。

药品监督管理部门进行监督检查时，必须出示证明文件，对监督检查中知悉的被检查人的技术秘密和业务秘密应当保密。根据监督检查的需要，药品监督管理部门可以对药品质量进行抽查检验，抽查检验应当按照规定抽样，并不得收取任何费用，所需费用按照国务院规定列支。药品监督管理部门对有证据证明可能危害人体健康的药品及其有关材料可以采取查封、扣押的行政强制措施，并在七日内作出行政处理决定；药品需要检验的，必须自检验报告书发出之日起十五日内作出行政处理决定。

地方人民政府和药品监督管理部门不得以要求实施药品检验、审批等手段限制或者排斥非本地区药品生产企业依法规定生产的药品进入本地区。药品监督管理部门及其设置的药品检验机构和确定的专业从事药品检验的机构不得参与药品生产经营活动，不得以其名推荐或者监制、监销药品，其专业从事药品检验的机构的工作人员不得参与药品生产经营活动。

（二）药品质量公告、申请药品复验及不良反应报告制度

1. 药品质量公告

国务院和省、自治区、直辖市人民政府的药品监督管理部门应当定期公告药品质量抽查检验的结果；公告不当的，必须在原公告范围内予以更正。

2. 药品复验制度

当事人对药品检验机构的检验结果有异议的，可以自收到药品检验结果之日起七日内向原药品检验机构或者上一级药品监督管理部门设置或者确定的药品检验机构申请复验，也可以直接向国务院药品监督管理部门设置或者确定的药品检验机构申请复验。受理复验的药品检验机构必须在国务院药品监督管理部门规定的时间内作出复验结论。

3. 不良反应报告制度

国家实行药品不良反应报告制度。药品生产企业、药品经营企业和医疗机构必须经常考察本单位所生产、经营、使用的药品质量、疗效和反应。发现可能与用药有关的严重不良反应，必须及时向当地省、自治区、直辖市人民政府药品监督管理部门和卫生行政部门报告。具体办法由国务院药品监督管理部门会同国务院卫生行政部门制定。对已确认发生严重不良反应的药品，国务院或者省、自治区、直辖市人民政府的药品监督管理部门可以采取停止生产、销售、使用的紧急控制措施，并应当在五日内组织鉴定，自鉴定结论作出之日起十五日内依法作出行政处理决定。

二、法律责任

药品管理法规定的法律责任主要有行政责任、民事责任和刑事责任。行政责任主要是行政处罚和行政处分，包括：没收违法药品和违法所得，处以罚款；民事责任主要是指赔偿责任；若行为构成犯罪的，依法追究刑事责任，涉及的刑法罪名主要有：非法经营罪，生产、销售假药罪，生产、销售劣药罪，非法提供麻醉药品、精神药品罪等。

（一）药品的生产企业、经营企业的法律责任

1. 生产、销售假药的法律责任

（1）行政责任。生产、销售假药的，没收违法生产、销售的药品和违法所得，并处违法生产、销售药品货值金额二倍以上五倍以下的罚款；有药品批准证明文件的予以撤销，并责令停产、停业整顿；情节严重的，吊销《药品生产许可证》《药品经营许可证》或者《医疗机构制剂许可证》。

从事生产、销售假药的企业或者其他单位，其直接负责的主管人员和其他直接

责任人员十年内不得从事药品生产、经营活动。

（2）刑事责任。刑法第一百四十一条规定，生产、销售假药的，处三年以下有期徒刑或者拘役，并处罚金；对人体健康造成严重危害或者有其他严重情节的，处三年以上十年以下有期徒刑，并处罚金；致人死亡或者有其他特别严重情节的，处十年以上有期徒刑、无期徒刑或者死刑，并处罚金或者没收财产。

2.生产、销售劣药的法律责任

（1）行政责任。生产、销售劣药的，没收违法生产、销售的药品和违法所得，并处违法生产、销售药品货值金额一倍以上三倍以下的罚款；情节严重的，责令停产、停业整顿或者撤销药品批准证明文件、吊销《药品生产许可证》《药品经营许可证》或者《医疗机构制剂许可证》。

根据药品管理法第七十六条第一款的规定，从事生产、销售劣药情节严重的企业或者其他单位，其直接负责的主管人员和其他直接责任人员十年内不得从事药品生产、经营活动。

（2）刑事责任。根据刑法第一百四十二条规定，生产、销售劣药，对人体健康造成严重危害的，处三年以上十年以下有期徒刑，并处销售金额百分之五十以上二倍以下罚金；后果特别严重的，处十年以上有期徒刑或者无期徒刑，并处销售金额百分之五十以上二倍以下罚金或者没收财产。

3.违反药品监督管理规定的法律责任

（1）无证生产、经营相关的法律责任。未取得《药品生产许可证》《药品经营许可证》或者《医疗机构制剂许可证》生产药品、经营药品的，依法予以取缔，没收违法生产、销售的药品和违法所得，并处违法生产、销售的药品（包括已售出的和未售出的药品，下同）货值金额二倍以上五倍以下的罚款；构成犯罪的，依法追究刑事责任。

（2）违反药品质量管理规范的法律责任。药品的生产企业、经营企业、药物非临床安全性评价研究机构、药物临床试验机构未按照规定实施《药品生产质量管理规范》《药品经营质量管理规范》、药物非临床研究质量管理规范、药物临床试验质量管理规范的，给予警告，责令限期改正；逾期不改正的，责令停产、停业整顿，并处五千元以上二万元以下的罚款；情节严重的，吊销《药品生产许可证》《药品经营许可证》和药物临床试验机构的资格。

（3）许可证、批准证明文或者药品批准证明文件的法律责任。

第一，伪造、变造、买卖、出租、出借许可证或批准证明文件的法律责任：伪造、变造、买卖、出租、出借许可证或者药品批准证明文件的，没收违法所得，并处违法所得一倍以上三倍以下的罚款；没有违法所得的，处二万元以上十万元以下的罚款；情节严重的，并吊销卖方、出租方、出借方的《药品生产许可证》《药品经营许可证》《医疗机构制剂许可证》或者撤销药品批准证明文件；构成犯罪的，追究刑事责任。

第二，骗取许可证或批准证明文件的法律责任：违反药品管理法的规定，提供虚假的证明、文件资料、样品或者采取其他欺骗手段取得《药品生产许可证》《药品经营许可证》《医疗机构制剂许可证》或者药品批准证明文件的，吊销《药品生产许可证》《药品经营许可证》《医疗机构制剂许可证》或者撤销药品批准证明文件，五年内不受理其申请，并处一万元以上三万元以下的罚款。

（4）药品商业贿赂行为的法律责任。

第一，药品购销活动中暗中给予、收受回扣或者其他利益的法律责任：药品的生产企业、经营企业、医疗机构在药品购销中暗中给予、收受回扣或者其他利益的，药品的生产企业、经营企业或者其代理人给予使用其药品的医疗机构的负责人、药品采购人员、医师等有关人员以财物或者其他利益的，由工商行政管理部门处一万元以上二十万元以下的罚款，有违法所得的，予以没收；情节严重的，由工商行政管理部门吊销药品生产企业、药品经营企业的营业执照，并通知药品监督管理部门，由药品监督管理部门吊销其《药品生产许可证》《药品经营许可证》；构成犯罪的，依法追究刑事责任。

第二，药品购销活动中收受财物或者其他利益的法律责任：药品的生产企业、经营企业的负责人、采购人员等有关人员在药品购销中收受其他生产企业、经营企业或者其代理人给予的财物或者其他利益的，依法由工商部门给予处分，没收违法所得；构成犯罪的，依法追究刑事责任。

医疗机构的负责人、药品采购人员、医师等有关人员收受药品生产企业、药品经营企业或者其代理人给予的财物或者其他利益的，由卫生行政部门或者本单位给予处分，没收违法所得；对违法行为情节严重的执业医师，由卫生行政部门吊销其执业证书；构成犯罪的，依法追究刑事责任。

4. 违反药品不良反应报告和监测规定的法律责任

药品生产企业未按照要求提交定期安全性更新报告，或未按照要求开展重点监测的，按照《药品注册管理办法》的规定对相应药品不予再注册。

5. 违反药品召回管理规定的法律责任

药品生产企业发现药品存在安全隐患而不主动召回药品的，责令召回药品，并处应召回药品货值金额三倍的罚款；造成严重后果的，由原发证部门撤销药品批准证明文件，直至吊销药品生产许可证。

药品生产企业拒绝召回药品的，应处召回药品货值金额三倍的罚款；造成严重后果的，由原发证部门撤销药品批准证明文件，直至吊销药品生产许可证。

6. 其他违反药品监督管理规定行为的法律责任

（1）违反进口药品登记备案管理制度的法律责任。进口已获得药品进口注册证书的药品，未按照药品管理法规定向允许药品进口的口岸所在地的药品监督管理部门登记备案的，给予警告，责令限期改正；逾期不改正的，撤销进口药品注册证书。

（2）医疗机构向市场销售制剂的法律责任。医疗机构将其配制的制剂在市场销售的，责令改正，没收违法销售的制剂，并处违法销售制剂货值金额一倍以上三倍以下的罚款；有违法所得的，没收违法所得。

（3）违反药品标识管理规定的法律责任。药品生产企业、药品经营企业生产、经营的药品及医疗机构配制的制剂，其包装、标签、说明书违反药品管理法及《药品管理法实施条例》规定，除依法应当按照假药、劣药论处的之外，责令改正，给予警告；情节严重的，撤销该药品的批准证明文件。

（二）医疗机构的法律责任

1. 医疗机构

医疗机构将其配制的制剂在市场销售的，责令改正，没收违法销售的制剂，并处违法销售制剂货值金额一倍以上三倍以下的罚款；有违法所得的，没收违法所得。

医疗机构从无《药品生产许可证》《药品经营许可证》的企业购进药品的，责令其改正，没收违法购进的药品，并处违法购进药品货值金额二倍以上五倍以下的罚款；有违法所得的，没收违法所得；情节严重的，吊销医疗机构执业许可证书。

2. 医疗机构的负责人、药品采购人员、医师等有关人员

医疗机构的负责人、药品采购人员、医师等有关人员收受药品生产企业、药品经营企业或者其代理人给予的财物或者其他利益的，由卫生行政部门或者本单位给予处分，没收违法所得；对违法行为情节严重的执业医师，由卫生行政部门吊销其执业证书；构成犯罪的，依法追究刑事责任。

（三）药品监督管理部门的法律责任

1. 药品监督管理部门

药品监督管理部门有下列行为之一的，由其上级主管机关或者监察机关责令收回违法发给的证书、撤销药品批准证明文件，对直接负责的主管人员和其他直接责任人员依法给予行政处分；构成犯罪的，依法追究刑事责任：（1）对不符合《药品生产质量管理规范》《药品经营质量管理规范》的企业发给符合有关规范的认证证书的，或者对取得认证证书的企业未按照规定履行跟踪检查的职责，对不符合认证条件的企业未依法责令其改正或者撤销其认证证书的；（2）对不符合法定条件的单位发给《药品生产许可证》《药品经营许可证》或者《医疗机构制剂许可证》的；（3）对不符合进口条件的药品发给进口药品注册证书的；（4）对不具备临床试验条件或者生产条件而批准进行临床试验、发给新药证书、发给药品批准文号的。

2. 药品监督管理人员

药品监督管理人员滥用职权、徇私舞弊、玩忽职守，构成犯罪的，依法追究刑事责任；尚不构成犯罪的，依法给予行政处分。如其专业从事药品检验的机构的工作人员参与药品生产经营活动的，就应当依法给予行政处分。

（四）药品检验机构的法律责任

1. 药品检验机构

药品检验机构出具虚假检验报告，构成犯罪的，依法追究刑事责任；不构成犯罪的，责令改正，给予警告，对单位并处三万元以上五万元以下的罚款。

2. 直接负责的主管人员和其他直接责任人员

对直接负责的主管人员和其他直接责任人员依法给予降级、撤职、开除的处分，并处三万元以下的罚款；有违法所得的，没收违法所得；情节严重的，撤销其检验资格。药品检验机构出具的检验结果不实，造成损失的，应当承担相应的赔偿责任。

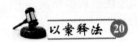 以案释法 20

食品药品监督管理局
依法查处擅自制作、销售膏药、药丸案

2014年5月20日，徐某在明知没有《药品生产许可证》《药品经营许可证》《医疗机构制剂许可证》的情况下，自称根据其家祖传配方，伙同王某，在二人租住的曲周县某敬老院内利用自备、自制药品制成治疗关节炎、腰椎病等病症的膏药、药丸，并在曲周县及周边村进行销售，同年5月30日曲周县公安局协助曲周县食药监督管理局当场将王某正在销售的自制药品和存放在其租住处的自制药品、制药原料，制药工具予以扣押。经河北省食品药品监督管理局鉴定：徐某、王某未经食品药品管理部门批准生产的药品，依据药品管理法的规定按假药论。徐某、王某生产、销售假药金额计五六百元。

释解

徐某、王某违反国家药品管理的法律、法规的规定，私自生产并公开销售未取得批准文号的药品，其行为严重侵犯了国家药政管理制度，依法应于惩处。在犯罪过程中，徐某起主要作用而王某起次要作用，王某犯罪情节轻微，依法可免予刑事处罚。扣押在案的制药原料、药品、制药工具依法应予没收，并交由曲周县食药监督局依法处理。

综上，依照刑法相关规定，法院依法判决徐某犯生产、销售假药罪，判处有期

徒刑十一个月，并处罚金一千五百元；王某犯生产、销售假药罪，免予刑事处罚；扣押在案的制药原料、药品、制药工具依法予以没收，交由曲周县食品药品监督管理局依法处理。

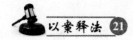

以案释法 21

某中医院药品采购员贪污案

陈某为某中医院（某局某社区管理中心下属三级单位）的职员，她利用其负责某中医院药品采购的职务便利，多次以其公公宋某和母亲吕某的名义在某中医院办理虚假住院套取医保资金，并在西药房挂账，然后以虚增药品采购计划的方式购买了化妆品、冬虫夏草、香烟等物品供个人和家庭使用，再用虚增的药品计划冲抵套取的部分医保资金，金额从西药房的记账上直接进行冲减。2013年8、9月份，她发现她在西药房账上还挂着4万多元，就开了50盒阿胶加上利润共计34750元的出库单给了西药房，冲抵了她在西药房的部分挂账款，通过以上方式贪污公款34750元。

释解

陈某身为国家工作人员，利用职务上的便利，骗取公款并非法占有，其行为已构成贪污罪。陈某所在单位某中医院系某局某社区管理中心下属三级单位，该管理中心系全民所有制分支机构，陈某在该单位长期负责药品采购和药政管理工作，有管理公共财物的职权，系在国有企业中从事公务的人员，应以国家工作人员论。陈某归案后如实供述犯罪事实，并积极退赃，确有悔改表现，可从轻处罚。

依照刑法规定，国家工作人员利用职务上的便利，侵吞、窃取、骗取或者以其他手段非法占有公共财物的，是贪污罪。犯罪嫌疑人如实供述自己罪行的，可以从轻处罚；因其如实供述自己的罪行，避免特别严重后果发生的，可以减轻处罚。最终法院判决陈某犯贪污罪，判处有期徒刑二年零六个月，缓刑三年；赃款人民币34750元返还某局社会保险管理中心。

第八章

中医医师执业法律制度

　　医疗行业是一个拥有高技术含量、存在高风险、关系到人身健康的专业性很强的职业，其职业性质要求其从业人员必须具有高素质的特性。为了防止非法医疗行为对社会公众健康构成威胁，世界大多数国家都对医疗从业人员采用不同程度的资格准入和执业许可制度。在我国，1998年九届全国人大常委会三次会议通过了执业医师法。随后我国又陆续出台了一系列的配套规定以保障法律的实施，如《医师资格考试暂行办法》《医师执业注册暂行办法》《关于医师执业注册中执业范围的暂行规定》《医师定期考核管理办法》等，这对于整顿医疗秩序、打击非法行医、加强医师队伍的管理、建设高素质医师队伍、保护人民健康以及促进和保障我国医疗卫生事业的健康发展起到了极其重要的作用。

第一节　考试和注册

　　我国实行医师资格考试制度和医师执业注册制度，这是执业医师法的重要内容之一，也是对现行医师管理模式的重大突破。医师资格考试是医师这一执业人群的资格准入考试，由卫生部制定全国统一的考试办法和考试题目，只有医师资格考试合格，才能申请执业注册。医师执业注册是对执业医师进行经常性管理的方式之一，由县级以上卫生行政部门进行。

一、考试

　　我国实行医师资格考试制度，医师资格考试分为执业医师资格考试和执业助理医师资格考试。国务院卫生行政部门制定医师资格统一考试的办法，省级以上人民政府卫生行政部门负责组织实施医师资格考试，医师资格考试成绩合格，取得执业医师资格或者执业助理医师资格。

（一）参加医师资格考试的条件

具有下列条件之一的，可以参加执业医师资格考试：（1）具有高等学校医学专业本科以上学历，在执业医师指导下，在医疗、预防、保健机构中试用期满一年的；（2）取得执业助理医师执业证书后，具有高等学校医学专科学历，在医疗、预防、保健机构中工作满二年的；具有中等专业学校医学专业学历，在医疗、预防、保健机构中工作满五年的。

（二）参加助理医师资格考试的条件

参加助理医师资格考试的条件主要有：

（1）具有高等学校医学专科学历或者中等专业学校医学专业学历，在执业医师指导下，在医疗、预防、保健机构中试用期满一年的，可以参加执业助理医师资格考试。

（2）以师承方式学习传统医学满三年或者经多年实践医术确有专长的，经县级以上人民政府卫生行政部门确定的传统医学专业组织或者医疗、预防、保健机构考核合格并推荐，可以参加助理医师资格考试。

二、注册

我国实行医师执业注册制度。

（一）申请

取得医师资格的，可以向所在地县级以上人民政府卫生行政部门申请注册。

（二）注册

受理申请的卫生行政部门应当自收到申请之日起三十日内准予注册，并发给由国务院卫生行政部门统一印制的医师执业证书。

对不符合条件不予注册的，应当自收到申请之日起三十日内书面通知申请人，并说明理由。

（三）变更注册与重新注册

医师变更执业地点、执业类别、执业范围等注册事项的，应当到准予注册的卫生行政部门依照执业医师法第十三条的规定办理变更注册手续。

中止医师执业活动二年以上以及有执业医师法规定的不予注册情形消失的，申请重新执业，应当由县级以上人民政府卫生行政部门委托的机构或资质考核合格，并依法律规定重新注册。

（四）不予注册

有下列情形之一的，不予注册：（1）不具有完全民事行为能力的；（2）因受刑事处罚，自刑罚执行完毕之日起至申请注册之日止不满二年的；（3）受吊销医师执业证书行政处罚，自处罚决定之日起至申请注册之日止不满二年的；（4）有国务院卫生行政部门规定不宜从事医疗、预防、保健业务的其他情形的。

（五）注销注册

医师注册后有下列情形之一的，其所在的医疗、预防、保健机构应当在三十日内报告准予注册的卫生行政部门，卫生行政部门应当注销注册，收回医师执业证书：（1）死亡或者被宣告失踪的；（2）受刑事处罚的；（3）受吊销医师执业证书行政处罚的；（4）依照医师执业法第三十一条规定暂停执业活动期满，再次考核仍不合格的；（5）中止医师执业活动满二年的；（6）有国务院卫生行政部门规定不宜从事医疗、预防、保健业务的其他情形的。

第二节　职业规则

目前，因医疗纠纷而导致侵犯医师权益的事件不断发生。医疗纠纷有时还会使医师的人身安全受到威胁，影响了正常的医疗秩序。医疗纠纷在给医疗机构带来经济损失和医师人身安全隐患的同时，也给患者自身带来了经济损失和健康安全隐患。医师们在高强度劳动负荷下，还要担心可能出现的医疗纠纷，心理压力巨大。为了保证医师无顾虑地开展医疗活动，保障患者健康，执业医师法规定了医师职业规则，主要包括医师的权利与义务以及具体的职业规则。这有利于提高医疗服务能力和服务水平，使得医师尽职尽责地奉献自己的聪明才智和全部精力，为人们健康和医疗建设作出贡献。

一、医师的权利

医师在执业活动中享有下列权利：（1）在注册的执业范围内，进行医学诊查、疾病调查、医学处置、出具相应的医学证明文件，选择合理的医疗、预防、保健方案；（2）按照国务院卫生行政部门规定的标准，获得与本人执业活动相当的医疗设备基本条件；（3）从事医学研究、学术交流，参加专业学术团体；（4）参加专业培训，接受继续医学教育；（5）在执业活动中，人格尊严、人身安全不受侵犯；（6）获取工资报酬和津贴，享受国家规定的福利待遇；（7）对所在机构的医疗、预防、保健工作和卫生行政部门的工作提出意见和建议，依法参与所在机构的民主管理。

二、医师的义务

医师在执业活动中履行下列义务：（1）遵守法律、法规，遵守技术操作规范；（2）树立敬业精神，遵守职业道德，履行医师职责，尽职尽责为患者服务；（3）关心、爱护、尊重患者，保护患者的隐私；（4）努力钻研业务，更新知识，提高专业技术水平；（5）宣传卫生保健知识，对患者进行健康教育。

三、医师的职业规则

医师在职业中应当做到：

（1）实施医疗、预防、保健措施，签署有关医学证明文件，必须亲自诊查、调查，并按照规定及时填写医学文书，不得隐匿、伪造或者销毁医学文书及有关资料。

（2）不得出具与自己执业范围无关或者与执业类别不相符的医学证明文件。

（3）对急危患者，医师应当采取紧急措施进行诊治；不得拒绝急救处置。

（4）应当使用经国家有关部门批准使用的药品、消毒药剂和医疗器械。除正当诊断治疗外，不得使用麻醉药品、医疗用毒性药品、精神药品和放射性药品。

（5）应当如实向患者或者其家属介绍病情，但应注意避免对患者产生不利后果。医师进行实验性临床医疗，应当经医院批准并征得患者本人或者其家属同意。

（6）不得利用职务之便，索取、非法收受患者财物或者牟取其他不正当利益。

（7）遇有自然灾害、传染病流行、突发重大伤亡事故及其他严重威胁人民生命健康的紧急情况时，医师应当服从县级以上人民政府卫生行政部门的调遣。

（8）发生医疗事故或者发现传染病疫情时，应当按照有关规定及时向所在机构或者卫生行政部门报告。医师发现患者涉嫌伤害事件或者非正常死亡时，应当按照有关规定向有关部门报告。

 以案释法 22

张某与某中医骨科医院的医疗损害责任纠纷案

张某于2008年12月6日下午7时许，驾驶其电瓶车经过彭州市一路段时，不慎倒地受伤。当日，张某被送到彭州某中医骨科医院住院治疗，经诊断，张某左肩锁骨中段骨折，左肩峰骨折、左眼外伤。赖某是某中医骨科医院的助理医师，2007年12月取得助理医师执业证，在未办理注册登记前，赖某在注册医师杜医生的指导下在该中医骨科医院从事医疗行为并于2009年5月22日才办理了医师注册手续。2008年12月9日，赖某为张某医治，用钢板对张某进行左锁骨内固定术，张某于2008年12月27日出院，共开支医疗费5966.46元，医生建议门诊随访，每月来院复查一次，观察骨折是否愈合，一年后取出内固定钢板，禁止左肢负重。张某出院后因感觉不适找到该中医骨科医院，双方于2009年1月6日一同前往彭州医院检查，查出张某左锁骨内固定术后伴切口感染，并在彭州医院住院治疗，于2009年1月22日出院，开支医疗费2212.75元，中医骨科医院已承担1600.00元给付彭州医院。2009年2月1日，张某经彭州医院照片查出其锁骨三分之一处骨折内固定术后，远端稍示向前上移位，未见骨痂生长，中间螺钉似有松动。2009年2月14日，张某到中医骨科医院进行内固定手术取出内固定，术后十六天出院，中医骨科医院未收取此期间为张某治疗的医疗费用。张某从中医骨科医院出院后，又进行门诊治疗，开支医疗费462.20元。2009年4月23日，张某到中医骨科医院进行X光检查，未见明显异常。

2009年4月27日，经成都市劳动能力鉴定委员会确认张某系成都技能通信有限公司的职工，于2008年12月6日在工作中受伤，其左锁骨中段骨折畸形愈合伴肩并节功能受限，属八级伤残。2010年3月26日经彭州市劳动仲裁委员会调解，双方达成协议，由成都某通信有限公司一次性给付张某医疗补助金、就业补助金、停工留薪期工资、住院伙食补助费、护理费共计50000元，同时双方协议劳动关系终止。2011年8月10日，经成都清源司法鉴定中心鉴定，张某左锁骨骨折，重叠畸形，骨折不愈合，后遗肩关节功能障碍，综合评定为八级伤残。综上，张某共开支医疗费8641.41元，扣除中医骨科医院已支付的1600.00元医疗费外，张某自己共垫付医疗费7041.4元。张某请求确认赖某非法行医并由该中医骨科医院承担赔偿责任。

 释解

根据执业医师法第三十九条规定："未经批准擅自开办医疗机构行医或者非医师行医的，由县级以上人民政府卫生行政部门予以取缔，没收其违法所得及其药品、器械，并处十万元以下的罚款；对医师吊销其执业证书；给患者造成损害的，依法承担赔偿责任；构成犯罪的，依法追究刑事责任。"非法行医主要包括"未经批准开办医疗机构行医"以及"非医师行医"两种情形。在本案中，赖某于2007年12月取得医师执业证，并于2009年5月22日办理了医师注册手续。赖某具备在医疗机构执业的资格，并可以按照注册的执业地点、职业类别、执业范围执业。

根据执业医师法第十三条"国家实行医师执业注册制度。取得医师资格的，可以向所在地县级以上人民政府卫生行政部门申请注册。除有本法第十五条规定的情形外，受理申请的卫生行政部门应当自收到申请之日起三十日内准予注册，并发给由国务院卫生行政部门统一印制的医师执业证书"及第十四条"医师经注册后，可以在医疗、预防、保健机构中按照注册的执业地点、执业类别、执业范围执业，从事相应的医疗、预防、保健业务。未经医师注册取得执业证书，不得从事医师执业活动"之规定，赖某入职某中医骨科医院工作时，应当在法定时限内进行注册登记。

本案中，赖某在未办理注册登记前，该中医骨科医院将赖某作为实习医师，在注册医师杜医生的指导下从事医疗行为不违反法律规定及医疗常规，根据《病历书写基本规范》第八条第二款"实习医务人员、试用期医务人员书写的病历，应当经本医疗机构注册的医务人员审阅、修改并签名"之规定，杜医生在赖某书写的病历上进行审阅并签名的行为，符合医疗规范，赖某作为具备医师执业证的医务人员在未办理注册登记前的医疗行为显然不属于执业医师法就非法行医规定的"非医师行医"的情形。

综上，法院不予确认赖某非法行医。根据张某目前的症状，系其病情的并发症与该中医骨科医院不当医疗行为共同所致，且就张某的伤情而言，交通事故造成的损害后果左肩锁骨中段骨折，左肩峰骨折是其目前伤残等级的主要原因，根据鉴定结论的参与度问题认定该中医骨科医院承担15%的赔偿责任。

第三节　考核和培训

对医师进行规范化考核与培训是培养合格医师的重要过程，加强考核与培训是实现这一目标的重要手段。考核与培训的目的是为了使医师具有良好的职业道德和科学严谨的工作态度，进而达到从事某一医疗专业学科所需要的基础理论、知识、基本技能等要求，成为能独立从事医疗服务工作的医师。执业医师法中规定了考核与培训的主体、内容、表彰与奖励等方面。这为规范化地培养医师奠定了理论依据，是加强医师考核与培训的关键环节。

一、考核

县级以上人民政府卫生行政部门负责指导、检查和监督医师考核工作。

受县级以上人民政府卫生行政部门委托的机构或者组织应当按照医师执业标准，对医师的业务水平、工作成绩和职业道德状况进行定期考核。对医师的考核结果，考核机构应当报告准予注册的卫生行政部门备案。

对考核不合格的医师，县级以上人民政府卫生行政部门可以责令其暂停执业活动三个月至六个月，并接受培训和继续医学教育。暂停执业活动期满，再次进行考核，对考核合格的，允许其继续执业；对考核不合格的，由县级以上人民政府卫生行政部门注销注册，收回医师执业证书。

二、培训

县级以上人民政府卫生行政部门应当制定医师培训计划，对医师进行多种形式的培训，为医师接受继续医学教育提供条件；应当采取有力措施，对在农村和少数民族地区从事医疗、预防、保健业务的医务人员实施培训。

医疗、预防、保健机构应当按照规定和计划保证本机构医师的培训和继续医学教育。

县级以上人民政府卫生行政部门委托的承担医师考核任务的医疗卫生机构，应当为医师的培训和接受继续医学教育提供和创造条件。

三、表彰与奖励

医师有下列情形之一的，县级以上人民政府卫生行政部门应当给予表彰或者奖励：（1）在执业活动中，医德高尚，事迹突出的；（2）对医学专业技术有重大突破，作出显著贡献的；（3）遇有自然灾害、传染病流行、突发重大伤亡事故及其他严重威胁人民生命健康的紧急情况时，救死扶伤、抢救诊疗表现突出的；（4）长期在边远贫困地区、少数民族地区条件艰苦的基层单位努力工作的；（5）国务院卫生行政部门规定应当予以表彰或者奖励的其他情形的。

 以案释法 23

教育培训合同纠纷案

2010年9月21日，高某经营的延边某职业培训学校取得延边州民政局颁发的民办非企业单位登记证书，该份登记证书载明：延边某职业培训学校系个人投资，负责人为高某，业务范围为汽车、建筑、电脑、财会、心理、金融、英语等行业考前职业技能类非学历教育培训。高某与曾某1995年3月26日在延吉市民政局登记结婚。2012年6月25日，宋某与延边某职业培训学校的经营者高某签订临床执业医师培训协议，约定宋某参加2012年至2013年临床执业医师特色培训，培训费用为每人65000元，首付每人3万元，考试全部通过后再付余款35000元，由延边某职业培训学校提供培训场所和培训材料。同日，宋某向高某支付2人培训费6万元，高某向宋某出具收取2人培训费6万元的收条。2012年8月7日，曾某提起离婚诉讼，2012年8月，法院依曾某申请冻结了高某名下中国工商银行账户内的存款70万元。后来高某未能如期开办培训班亦未退还宋某培训费6万元，2014年3月15日，高某向宋某出具培训费6万元的欠条。2015年2月，法院判决二人离婚。

 释解

宋某与延边某职业培训学校之间签订的培训协议系双方当事人之间的真实意思表示，不违反法律、行政法规的强制性规定，该合同合法有效。因延边某职业培训学校系个体性质的民办非企业单位，其负责人即高某应对外承担无限赔偿责任。高某未能及时开办培训班为原告提供培训服务，不能履行培训合同义务，构成违约，合同目的已无法实现，应予解除。郝某应将培训费60000元予以返还。

依照我国合同法第四十四条第一款"依法成立的合同，自成立时生效"，以及第九十四条第四项"当事人一方迟延履行债务或者有其他违约行为致使不能实现合同目的"当事人可以解除合同，第九十七条"合同解除后，尚未履行的，终止履行；已经履行的，根据履行情况和合同性质，当事人可以要求恢复原状、采取其他补救措施，并有权要求赔偿损失"。根据婚姻法第十九条"夫妻可以约定婚姻关系存续期间所得的财产以及婚前财产归各自所有、共同所有或部分各自所有、部分共同所有"的规定，在本案中因该笔债务发生在高某与曾某的婚姻关系存续期间，曾某未能提出证据证明该笔债务系高某的个人债务，故高某、曾某应共同返还宋某培训费60000元。

第四节　相关法律责任

执业医师在执业活动中违反法律违反规定不履行应尽义务、不遵守应有的执业规则、侵犯就诊人的合法权益或者情节严重触犯刑法构成犯罪时，就要承担相应的法律责任。执业医师法对医师所负的法律责任作出了具体规定。执业医师的法律责任包括行政法律责任、民事法律责任和刑事法律责任三类，它们分别由执业医师法、民法通则以及刑法予以规定。

一、行政责任

（一）执业证书的取得

以不正当手段取得医师执业证书的，由发给证书的卫生行政部门予以吊销；对负有直接责任的主管人员和其他直接责任人员，依法给予行政处分。

（二）执业活动中的违法行为

医师在执业活动中，违反执业医师法规定，有下列行为之一的，由县级以上人民政府卫生行政部门给予警告或者责令暂停六个月以上一年以下执业活动；情节严重的，吊销其执业证书；构成犯罪的，依法追究刑事责任：（1）违反卫生行政规章制度或者技术操作规范，造成严重后果的；（2）由于不负责任延误急危患者的抢救和诊治，造成严重后果的；（3）造成医疗责任事故的；（4）未经亲自诊查、调查，签署诊断、治疗、流行病学等证明文件或者有关出生、死亡等证明文件的；（5）隐匿、伪造或者擅自销毁医学文书及有关资料的；（6）使用未经批准使用的药品、消毒药剂和医疗器械的；（7）不按照规定使用麻醉药品、医疗用毒性药品、精神药品和放射性药品的；（8）未经患者或者其家属同意，对患者进行实验性临床医疗的；（9）泄露患者隐私，造成严重后果的；（10）利用职务之便，索取、非法收受患者财物或者牟取其他不正当利益的；（11）发生自然灾害、传染病流行、突发重大伤亡事故以及其他严重威胁人民生命健康的紧急情况时，不服从卫生行政部门调遣的；（12）发生医疗事故或者发现传染病疫情，患者涉嫌伤害事件或者非正常死亡，不按照规定报告的；（13）使用假学历骗取考试得来的医师证的。

（三）阻碍医师依法执业的行为

阻碍医师依法执业，侮辱、诽谤、威胁、殴打医师或者侵犯医师人身自由、干扰医师正常工作、生活的，依照治安管理处罚法的规定处罚；构成犯罪的，依法追究刑事责任。

（四）卫生行政部门工作人员或者医疗、预防、保健机构工作人员的法律责任

卫生行政部门工作人员或者医疗、预防、保健机构工作人员违反执业医师法有关规定，弄虚作假、玩忽职守、滥用职权、徇私舞弊，尚不构成犯罪的，依法给予行政处分；构成犯罪的，依法追究刑事责任。

二、民事责任

医师在医疗、预防、保健工作中造成事故的，依照法律或者国家有关规定处理。

三、刑事责任

（一）医疗事故罪

刑法第三百三十五条规定了医疗事故罪：医务人员由于严重不负责任，造成就诊人死亡或者严重损害就诊人身体健康的，处三年以下有期徒刑或者拘役。

（二）非法行医罪

刑法第三百三十六条规定了非法行医罪：未取得医生职业资格的人非法行医，情节严重的，处三年以下有期徒刑、拘役或者管制，并处或者单处罚金；严重损害就诊人身体健康的，处三年以上十年以下有期徒刑，并处罚金。

（三）非法进行节育手术罪

我国刑法第三百三十六条未取得医生执业资格的人擅自为他人进行节育复通手术、假节育手术、终止妊娠手术或者摘取宫内节育器，情节严重的，处三年以下有期徒刑、拘役或者管制，并处或者单处罚金；严重损害就诊人身体健康的，处三年以上十年以下有期徒刑，并处罚金；造成就诊人死亡的，处十年以上有期徒刑，并处罚金。

 以案释法 24

患者家属怀疑医院诊断不明
延误病情导致医疗损害纠纷案

钟某于2013年10月6日在自家楼上约2.5米处不慎跌下致无法站立，感觉胸部、腰部疼痛，六人及时请车运送至钟山县某卫生院救治。在医院门诊做了相关的检查后，经诊断：1.左锁骨不完全性骨折；2.腰椎骨质增生，住院后兄弟姐妹对钟某全天护理。直至同年10月9日发现钟某的病情不但没有好转，反而越来越严重，且在不知情的情况下就已经输氧气了，女儿钟某英看到自己的父亲钟某的病情岌岌可危后，主动去找院领导说明情况，院领导却置之不理，无奈便找透视科要求给患者重新拍片检查患者的摔伤情况。经再次做透视X光检查发现：（1）患者左第3、4、5、6肋骨

中医药管理法律知识读本

122

（以案释法版）

骨折；（2）中等量胸腔积液；（3）心脏增大。由于院方先前的不负责行为，导致出现两次完全不同的诊疗结果，严重耽误了患者的诊疗时间，导致患者错过了最佳的救治时间，给患者造成了严重的折磨，也给患者的家属精神上带来巨大的打击。随后患者转入钟山县人民医院重症监护室，进行胸腔闭式引流术抢救。并经县人民医院诊断为：1.闭合性胸部损伤：左侧多发肋骨骨折并中量血胸、两肺挫伤、右侧少量血胸；2.中度贫血；3.电解质紊乱。患者经抢救，身体状况有所好转，可出院后不久最终还是去世了。之后，患者家属提出要求钟山县某卫生院赔偿其医疗费、精神损害抚慰金、误工费、护理费、交通费、鉴定费共计123466.08元，双方就赔偿问题产生争议，起诉至人民法院。

释解

患者在诊疗活动中受到损害，医疗机构及其医务人员有过错的，由医疗机构承担赔偿责任。本案的争议焦点问题是钟山县某卫生院在诊疗过程中是否存在过错以及钟山县某卫生院的诊疗行为与患者钟某的死亡之间是否存在必然因果关系。

根据钟山县人民医院出院记录表明，术后患者恢复情况良好，能自由活动、精神良好，无明显咳嗽咳痰；血常规、肝功、生化等基本正常，伤口未见红肿、感染表现。由此可见，患者钟某是转院至钟山县人民医院治愈后出院的，出院两个月后患者钟某在其家中去世，后因原告未同意就钟某的死亡原因进行司法鉴定，导致未能查明钟某确切的死亡原因。故对原告诉称被告钟山县某卫生院在对患者钟某诊疗过程中存在漏诊、误诊，最终因无法确诊钟某的实际病情以致延误治疗，导致患者钟某出院后不久死亡的陈述，缺乏事实及法律依据。

综合贺州市医学会出具的《医疗事故技术鉴定书》的分析意见，被告钟山县某卫生院虽然对钟某的诊疗中存在漏诊，但经复查胸片确诊后即转送钟山县人民医院治疗，符合诊疗常规；患者钟某从钟山县人民医院治疗出院后死亡与在被告钟山县某卫生院的诊疗行为无因果关系。因此，钟山县某卫生院不应承担赔偿责任，故法院驳回原告钟某家属的诉讼请求。

以案释法 25

由心脏永久起搏器引发的侵权责任纠纷案

2014年霍某在广西壮族自治区人民医院（以下简称区医院）接受安装的心脏永久起搏器的手术，不料因手术失败而死亡。在患者霍某刚死亡时，区医院从未告知也没有征得患者家属同意，擅自取走霍某遗体内新安装的心脏永久起搏器。患者家属认为区医院处置霍某遗体内的心脏起搏器是严重侵权的行为，随后向人民法院起诉，后不服一审民事判决，上诉至二审法院。二审法院经审理认为，区医院对心脏起搏器的处理符合国家关于医疗废物处置规定及该起搏器使用说明，驳回上诉请求，维持原判。

 释解

　　本案争议的焦点是区医院处置霍某遗体内的心脏起搏器是否构成侵权。依据卫生部和国家环境保护总局制定的《医疗废物分类目录》规定："使用后的一次性使用医疗用品及一次性医疗器械视为感染性废物"；《医疗废物管理条例》第十九条第一款规定："医疗卫生机构应当根据就近集中处置的原则，及时将医疗废物交由医疗废物集中处置单位处置。"

　　结合本案，医院通过手术植入患者霍某体内的心脏起搏器，根据《医疗器械监督管理条例》第五条、第二十七条规定及《心脏起搏器产品说明书》的规定，属于禁止重复使用的一次性医疗器械，使用过后应当按照国家有关规定销毁。霍某在区医院住院期间因病医治无效死亡后，其遗体内的心脏起搏器属于使用后的感染性废物，应当由区医院根据就近集中处置原则，交由医疗废物集中处置单位销毁。因此，区医院对心脏起搏器的处理符合国家关于医疗废物处置规定及该起搏器使用说明。

第九章
职业病中医防治法律制度

　　随着经济的迅速发展，特别是工业化进程的加快，职业健康问题成为人类目前所面临的严重问题之一。职业病防治工作是政府公共服务的重要组成部分，政府负有高度的责任。在2001年10月27日，九届全国人大常委会二十四次会议通过了职业病防治法；在2011年12月31日，十一届全国人大常委会二十四次会议通过了《关于修改〈中华人民共和国职业病防治法〉的决定》，对其进行修正；在2013年12月23日，国家卫生计生委、人力资源社会保障部、安全监管总局、全国总工会四个部门联合印发了《职业病分类和目录》。为了预防、控制和消除职业病危害，保护劳动者健康及其相关权益，我国职业病防治工作坚持预防为主、防治结合的方针，中医药为从根源预防职业病提供了可能性与保障。

第一节　职业病前期预防

　　职业病是严重危害劳动者健康的疾病。在我国职业病危害分布在多个行业，如煤炭、冶金、建材、有色金属、机械、化工等行业职业病危害最为突出，当然也存在我们一般的工作当中。职业病危害问题已成为威胁我国劳动力资源可持续发展、制约经济发展的因素之一。2002年5月1日起施行的职业病防治法，在总结我国有关职业病防治规定的执行经验的基础上，借鉴国际上的通行做法，对可能产生或存在的职业病危害采取前期预防的措施。古今中外的实践证明，职业病危害是完全可以预防和控制的，这就能够使中医药充分发挥防治作用，职业病危害所造成的各种损害可以通过传统的中医药治疗和预防措施来避免和减少。即对可能产生职业病危害从"源头"上实施管理，对于防治职业病有着十分重要的作用。

一、职业病前期预防概述

（一）职业病的概念

职业病是一种人为的疾病，它的发生率与患病率的高低直接反映疾病预防控制工作的水平。职业病的含义除了具有医学上疾病的含义之外，还具有法律上的意义，即它是由国家所规定的"法定职业病"。根据职业病防治法的规定，职业病，是指企业、事业单位和个体经济组织等用人单位的劳动者在职业活动中，因接触粉尘、放射性物质和其他有毒、有害因素而引起的疾病。

（二）职业病的分类

根据由国务院卫生行政部门会同国务院安全生产监督管理部门、劳动保障行政部门制定的职业病分类和目录以及职业病防治法的相关规定，职业病可以分为职业性尘肺病及其他呼吸系统疾病、职业性皮肤病、职业性眼病、职业性耳鼻喉口腔疾病、职业性化学中毒、物理因素所致职业病、职业性放射性疾病、职业性传染病、职业性肿瘤以及其他职业病，共有10个类型，132种。

（三）职业病前期预防的意义

1. 降低职业病发生率

职业病不同于医学上的疾病，它是一种人为的疾病。对于职业病前期采取一定的措施进行预防可以达到减少职业病发生的效果。职业病发生率的降低可以减少不必要的经济损失和避免不必要的人身伤亡，这样企业就可以将更多的资金用于支持安全项目建设，从而达到安全生产的目的，这是一个良性循环的过程。

2. 保障劳动者的健康权益

职业病的前期预防措施对于劳动者来说意义是十分重大的，它可以保护劳动者免受职业病的威胁，为劳动者创造更加安全舒适的生产环境，从而使职工安心工作，提高工作效率。

3. 有利于经济发展与社会稳定

有效的职业病预防措施可以减少对社会整体资源的破坏，对于促进经济发展起到积极作用。另外，劳动者在工作中免受职业病的伤害，在客观上能够使得工伤纠纷减少，更加有利于社会的稳定。

4. 树立政府和企业的良好形象

作为公共服务的提供者，政府对于职业病的防治负有高度的责任，职业病防治工作是政府的重要组成部分。为了广大劳动者的身心健康，为了经济社会协调可持续性发展，职业病的防治工作应当受到政府、企业的高度重视，做好职业病前期预防工作是体现政府职能的一个重要方面，有利于树立良好的政府和企业形象。

二、职业病中医预防机制与措施

（一）职业病中医预防机制

在社会主义市场经济体制下，对于职业病的前期预防工作，我们国家建立了系统的职业卫生管理体制和信息决策机制。对于职业病危害项目的申报制度、建设项目防护设施的审查、职业病危害预评价、职业病危害控制效果评价等事项都由相关部门进行管理，完善的职业病管理机制、多渠道职业卫生投入机制，以市场机制合理配置与政府管理相结合来进行职业病的前期预防工作。

1. 职业病危害项目的申报制度

国家建立职业病危害项目申报制度。用人单位工作场所存在职业病目录所列职业病的危害因素的，应当及时、如实向所在地安全生产监督管理部门申报危害项目，接受监督。职业病危害因素分类目录由国务院卫生行政部门会同国务院安全生产监督管理部门制定、调整并公布。职业病危害项目申报的具体办法由国务院安全生产监督管理部门制定。

2. 建设项目防护设施的审查

关于有职业病危害的建设项目的防护设施审查工作由卫生行政部门负责验收，只有符合国家职业卫生标准和卫生要求的，方可施工。另外对于建设项目的职业病防护设施所需费用应当纳入建设项目工程预算，并与主体工程同时设计，同时施工，同时投入生产和使用。

3. 职业病危害预评价制度

新建、扩建、改建建设项目和技术改造、技术引进项目可能产生职业病危害的，建设单位在可行性论证阶段应当向卫生行政部门提交职业病危害预评价报告。卫生行政部门应当自收到职业病危害预评价报告之日起三十日内，作出审核决定并书面通知建设单位。未提交预评价报告或者预评价报告未经卫生行政部门审核同意的，有关部门不得批准该建设项目。职业病危害预评价报告应当对建设项目可能产生的职业病危害因素及其对工作场所和劳动者健康的影响作出评价，确定危害类别和职业病防护措施。

（二）职业病中医预防措施

我国正在逐步建立一套符合中国国情的职业病中医预防措施体系。为了在法律层面更好地促进关于中医药改革政策系统化、整体化，我们在改革中要根据职业病预防的要求和特点，结合各地实践经验和研究，创造性地发挥中医预防对于职业病防治的根源性作用。当然，职业病中医预防措施应当符合现实状况的要求，更好地将中医药对于职业病的防治落到实处，将中医药成果进一步应用于职业病防治当中来，增加其可操作性。

（1）坚持落实政府对职业病预防的领导责任、保障责任、管理责任、监督责任，逐渐完善职业病中医预防措施，发挥中医药特色优势的职业病预防体系。

（2）坚持中医特色，在管理体制、运行机制、服务价格调整、医保支付、人事管理、收入分配、医疗监管等体制机制改革中，充分考虑中医医院和中医药服务特点，加大对中医预防职业病的相关投入，扶持和促进职业病防治工作的发展。

（3）坚持探索创新，在国家确定的改革方向和原则下，鼓励地方发扬首创精神，大胆探索、锐意创新，突破制约中医药特色优势发挥的政策障碍，建立符合中医药发展规律的职业病预防措施体系。

（4）坚持中医结合西医的原则，根据职业病防治的需求，建立布局合理、规模适当、结构优化、层次分明、功能完善、运转高效的中医职业病防治体系。

（5）支持社会办中医医疗机构，提升服务能力，鼓励探索公立中医医院与社会办中医医疗机构加强业务合作的有效形式和具体途径，并探索开展多种形式的人才交流与技术合作，为职业病中医防治有效实现创设基本保障。

（6）各级卫生计生行政部门和中医药管理部门要积极协调医保部门，切实落实国家基本医疗保险的有关政策规定，在规范中医非药物诊疗技术的基础上，逐步扩大纳入医保支付的医疗机构中药制剂、针灸、治疗性推拿等中医非药物诊疗技术范围，鼓励提供和使用适宜的中医药服务，使人民群众真正的有病有能力去医治。

 以案释法 26

因职业病引起的健康权纠纷案

2010年8月至2011年4月，汪某在咸阳市通山县某荡煤矿从事生产管理作业，双方未签订劳动合同。2011年7月至2012年2月，汪某在咸阳市通山县某石煤业公司从事井下采煤、掘进作业，双方亦未签订劳动合同。后来，汪某因胸闷、胸痛、咳嗽、咳痰、呼吸困难，多次治疗无果后，前往咸宁市职业病预防控制中心进行检查，2012年5月10日咸宁市疾病预防控制中心诊断为煤工尘肺一期。2012年7月2日，咸宁市人力资源和社会保障局作出了《工伤认定决定书》，认定汪某为工伤；2012年8月31日，该市劳动能力鉴定委员会作出了《劳动能力鉴定结论通知书》，认定汪某的伤残级别为七级。2012年11月5日，汪某向咸阳市通山县劳动人事争议仲裁院提出仲裁申请，要求解除与咸阳市某石煤业公司之间的劳动关系，并要求该公司支付一次性伤残补偿金、就业补助金、医疗补助金，未签订劳动合同的双倍工资及解除劳动关系补偿金。劳动人事争议仲裁院驳回汪某仲裁请求。

汪某不服该裁决，诉至湖北省咸阳市通山县人民法院，该法院支持了原告汪某的诉讼请求。后来，咸阳市某石煤矿对前述判决不服，向湖北省咸阳市中级人民法院提起上诉，请求撤销原判，改判其不承担汪某工伤保险待遇，不承担为汪某补缴2010年8月至2011年4月社会保险费单位应承担的部分，其余业务由咸阳市某荡煤矿负担。

 释解

依据职业病防治法第六十条"劳动者被诊断患有职业病，但用人单位没有依法参加工伤保险的，其医疗和生活保障由该用人单位承担"的规定，汪某被诊断患有职业病时的用人单位先后是某荡煤矿和某石煤业公司的事实清楚，某荡煤矿和某石煤业公司均没有为其办理工伤保险。某荡煤矿和某石煤业公司对汪某职业病工伤应承担支付工伤待遇责任。

本案争议的焦点是某荡煤矿应否承担本案责任。根据由国务院卫生行政部门会同国务院安全生产监督管理部门、劳动保障行政部门制定的职业病分类和目录中规定，尘肺病是由于吸入空气中的粉尘导致肺失去弹性变硬长成疤痕。该病起病缓慢，一般接触一年或几年后才发病，一旦患上尘肺病，即便脱离了粉尘环境，病情仍可以继续发展，而且日益严重。从尘肺病产生的机理分析，尘肺病的发生有一个或长或短的过程。在本案中，汪某于2010年8月至2012年2月先后在某荡煤矿和某石煤业公司工作，工作场所都有易患尘肺病的粉尘。尽管汪某确诊尘肺病时的用人单位是某石煤业公司，但并不能绝对排除汪某在某荡煤矿工作期间没有患上尘肺病。某荡煤矿认为汪某患职业病与其无关及不承担本案责任的理由不能成立。

因此，依照民事诉讼法第一百七十条第一款第二项的规定，原判决、裁定认定事实错误或者适用法律错误的，以判决、裁定方式依法改判、撤销或者变更。咸阳市中级人民法院对本案一审判决进行了改判，某荡煤矿与某石煤业公司依法均应对汪某所受健康损害承担责任。

第二节 劳动过程中的防护与管理

职业病是一种在生产环境中接触职业性有害因素而产生的疾病，如果职业性有害因素得到消除或控制，就能够有效地防止或减少职业病的发生。企业对于劳动者在劳动过程中的防护与管理开展情况是有效控制职业病发生的重要途径，职业卫生防治包括对劳动者在劳动过程中的防护和管理。

一、劳动过程中的防护

（一）赋予劳动者职业卫生保护权利

劳动者享有下列职业卫生保护的权利：（1）获得职业卫生教育、培训；（2）获得职业健康检查、职业病诊疗、康复等职业病防治服务；（3）了解工作场所产生或者可能产生的职业病危害因素、危害后果和应当采取的职业病防护措施；（4）要求用人单位提供符合防治职业病要求的职业病防护设施和个人使用的职业病防护用品，改善工作条件；（5）对违反职业病防治法律、法规以及危及生命健康的行为提出批评、检举和控告；（6）拒绝违章指挥和强令进行没有职业病防护措施的作业；（7）参与用人单位职业卫生工作的民主管理，对职业病防治工作提出意见和建议。

用人单位应当保障劳动者行使前款所列权利。因劳动者依法行使正当权利而降低其工资、福利等待遇或者解除、终止与其订立的劳动合同的，其行为无效。

（二）劳动合同中有职业病危害的告知

用人单位与劳动者订立劳动合同时，应当将工作过程中可能产生的职业病危害及其后果、职业病防护措施和待遇等如实告知劳动者，并在劳动合同中写明，不得隐瞒或者欺骗。

劳动者在已订立劳动合同期间因工作岗位或者工作内容变更，从事与所订立劳动合同中未告知的存在职业病危害的作业时，用人单位应当依照前款规定，向劳动者履行如实告知的义务，并协商变更原劳动合同相关条款。若用人单位违反不履行告知义务的，劳动者有权拒绝从事存在职业病危害的作业，用人单位不得因此解除或者终止与劳动者所订立的劳动合同。

（三）职业卫生教育和培训

（1）作为管理者的用人单位负责人应当接受职业卫生培训，遵守职业病防治法律、法规，依法组织本单位的职业病防治工作。

（2）用人单位对劳动者有进行职业卫生教育和培训的义务。用人单位应当对劳动者进行上岗前的职业卫生培训和在岗期间的定期职业卫生培训，普及职业卫生知识，督促劳动者遵守职业病防治法律、法规、规章和操作规程，指导劳动者正确使用职业病防护设备和个人使用的职业病防护用品。

（3）劳动者有义务接受职业卫生和培训，劳动者应当学习和掌握相关的职业卫生知识，遵守职业病防治法律、法规、规章和操作规程，正确使用、维护职业病防护设备和个人使用的职业病防护用品，发现职业病危害事故隐患应当及时报告。

（四）制定个人防护用品发放和使用制度

用人单位必须采用有效的职业病防护设施，并为劳动者提供个人使用的职业病防护用品，这些防护用品必须符合防治职业病的要求，不符合要求的，不得使用。

（五）设置专门的警示标识

1. 可能产生职业病危害的工作场所

对于可能产生职业病危害的工作场所，用人单位应当在工作场所的醒目位置设置公告栏，公布有关职业病防治的规章制度、操作规程、职业病危害事故应急救援措施和工作场所职业病危害因素检测结果。

2.可能产生职业病危害的设备

对于可能产生职业病危害的设备，用人单位应当在设备的醒目位置设置警示标识和中文警示说明（警示说明应当载明设备性能、可能产生的职业病警示说明应当载明产生职业病危害的种类、后果、预防以及应急救治措施等内容）。

3.可能产生职业病危害的化学品、放射性同位素和含有放射性物质的材料

对于可能产生职业病危害的化学品、放射性同位素和含有放射性物质的材料，用人单位应当向劳动者提供中文说明书（说明书应当载明产品特性、主要成份、存在的有害因素、可能产生的危害后果、安全使用注意事项、职业病防护以及应急救治措施等内容）；危害性的产品包装也应当有醒目的警示标识和中文警示说明。

另外，对于国内首次使用或者首次进口与职业病危害有关的化学材料，使用单位或者进口单位按照国家规定经国务院有关部门批准后，应当向国务院卫生行政部门报送该化学材料的毒性鉴定以及经有关部门登记注册或者批准进口的文件等资料，并且严格按照规定对其危害、安全操作和维护注意事项、职业病防护以及应急救治措施进行处理。

二、劳动过程中的管理

（一）制定严格的卫生责任制

任何单位和个人不得生产、经营、进口和使用国家明令禁止使用的可能产生职业病危害的设备或者材料，也不得将产生职业病危害的作业转移给不具备职业病防护条件的单位和个人。不具备职业病防护条件的单位和个人不得接受产生职业病危害的作业。若用人单位对有职业病危害的技术、工艺、材料隐瞒其危害而采用的，对所造成的职业病危害后果承担责任。

（二）制定职业健康检查制度

对从事接触职业病危害的作业的劳动者，用人单位应当按照国务院卫生行政部门的规定组织上岗前、在岗期间和离岗时的职业健康检查。职业健康检查应当由省级以上人民政府卫生行政部门批准的医疗卫生机构承担，其检查费用由用人单位承担，用人单位有对劳动者如实告知检查结果的义务。

用人单位在为劳动者进行职业健康检查后，应当为劳动者建立职业健康监护档案，并按照规定的期限妥善保存。职业健康监护档案应当包括劳动者的职业史、职业病危害接触史、职业健康检查结果和职业病诊疗等有关个人健康资料。当劳动者离开用人单位时，有权索取本人职业健康监护档案复印件，用人单位应当如实、无偿提供，并在所提供的复印件上签章。

根据劳动者的具体情况，用人单位不得安排未经上岗前职业健康检查的劳动者从事接触职业病危害的作业；不得安排有职业禁忌的劳动者从事其所禁忌的作业；

对在职业健康检查中发现有与所从事的职业相关的健康损害的劳动者，应当调离原工作岗位，并妥善安置；对未进行离岗前职业健康检查的劳动者不得解除或者终止与其订立的劳动合同。

（三）建立职业病危害因素监测与管理制度

用人单位应当按照国务院卫生行政部门的规定，实施由专人负责的职业病危害因素日常监测，定期对工作场所进行职业病危害因素检测、评价。检测、评价的结果应存入用人单位职业卫生档案，定期向所在地卫生行政部门报告并向劳动者公布。

对职业病危害因素检测、评价必须由依法设立的取得省级以上人民政府卫生行政部门资质认证的职业卫生技术服务机构来进行。若职业卫生技术服务机构在检测中发现工作场所职业病危害因素不符合国家职业卫生标准和卫生要求时，用人单位应当立即采取相应治理措施，仍然达不到国家职业卫生标准和卫生要求的，必须停止存在职业病危害因素的作业；职业病危害因素经治理后，符合国家职业卫生标准和卫生要求的，方可重新作业。

（四）设置专门的职业卫生管理部门

作为职业卫生管理部门之一的工会组织，应当督促并协助用人单位开展职业卫生宣传教育和培训，对用人单位的职业病防治工作提出意见和建议，与用人单位就劳动者反映的有关职业病防治的问题进行协调并督促解决。工会组织对用人单位违反职业病防治法律、法规，侵犯劳动者合法权益的行为，有权要求纠正；产生严重职业病危害时，有权要求采取防护措施，或者向政府有关部门建议采取强制性措施；发生职业病危害事故时，有权参与事故调查处理；发现危及劳动者生命健康的情形时，有权向用人单位建议组织劳动者撤离危险现场，用人单位应当立即作出处理。

（五）制定职业病危害事故应急救援预案

对可能发生急性职业损伤的有毒、有害工作场所，用人单位应当设置报警装置，配置现场急救用品、冲洗设备、应急撤离通道和必要的泄险区。对放射工作场所和放射性同位素的运输、贮存，用人单位必须配置防护设备和报警装置，保证接触放射线的工作人员佩戴个人剂量计。对职业病防护设备、应急救援设施和个人使用的职业病防护用品，用人单位应当进行经常性的维护、检修，定期检测其性能和效果，确保其处于正常状态，不得擅自拆除或者停止使用。

当发生或者可能发生急性职业病危害事故时，用人单位应当立即采取应急救援和控制措施，并及时报告所在地卫生行政部门和有关部门。卫生行政部门接到报告后，应当及时会同有关部门组织调查处理；必要时，可以采取临时控制措施。对遭受或者可能遭受急性职业病危害的劳动者，用人单位应当及时组织救治、进行健康检查和医学观察，所需费用由用人单位承担。

以案释法 27

离岗前未健康检查不得解除劳动合同吗？

孔某原系黑河市某水泥公司的工人，2008年12月孔某在工作中受伤。2009年9月1日，孔某与黑河市某水泥公司双方签订了协议书，具体内容为：为保证双方合法权益，就孔某2008年12月意外工伤事件由孔某本人提出一次性解除劳动关系，经双方协商一致达成如下协议：一、黑河市某水泥公司向孔某一次性支付各项补偿费用共计100000元整；二、黑河市某水泥公司支付孔某工资到2009年12月每月工资款为1958.74元，其中450元开到工资折里，其余1500元×5个月=7500元一次性付清。三、孔某及家属中的任何人在领取一次性补偿费用后，不得再就此事向某水泥公司索要赔偿或提出其他要求；四、今后因孔某工伤事件所引发的一切问题黑河市某水泥公司将不再承担责任。孔某于当日领取了赔偿款107500元。在该协议履行过程中，该水泥公司还为孔某缴纳了养老保险（1997年7月至2009年12月）、失业保险（1997年7月至2009年9月）、医疗保险（2007年5月至2009年9月）、工伤保险（2004年12月至2009年9月）。后孔某对此协议不服向黑河市劳动争议仲裁委员会申诉仲裁，黑河市劳动争议仲裁委员会于2011年3月14日以不属于本委受案范围为由下达了不予受理通知书。故孔某以该协议违背了本人的意愿，给其造成不可估量的损失，保险未同时缴纳为由，向法院起诉，请求确认双方签订的解除劳动关系的协议无效。

一审法院黑河市爱辉区人民法院认为，原告孔某以各项保险未同步缴纳给其造成损失的诉讼理由不成立，判决驳回原告孔某的诉讼请求。随后，孔某向黑河市中级人民法院提出上诉，该法院判决驳回上诉，维持原判。孔某不服终审判决，向黑河市人民检察院提出申诉。故检察机关以本案适用职业病防治法关于"企业在与劳动者解除劳动合同时必须进行离岗前职业健康检查，否则不得解除劳动合同"的相关规定，应认定双方签订的协议无效，生效判决适用法律错误为由对本案提出抗诉。黑河市中级人民法院进行了再审，判决对原判予以维持。

 释解

根据职业病防治法明确规定："本法所称职业病，是指企业、事业单位和个体经济组织等用人单位的劳动者在职业活动中，因接触粉尘、放射性物质和其他有毒、有害因素而引起的疾病。职业病的分类和目录由国务院卫生行政部门会同国务院安全生产监督管理部门、劳动保障行政部门制定、调整并公布。"但本案双方当事人争议的问题不是因职业病而引发的，孔某亦不是以其在某水泥公司工作期间患有职业病为由而提起的诉讼，而是以双方签订的协议违背了本人的意愿，给其造成不可估量的损失，保险未同时缴纳为由，向法院提起的民事诉讼，请求确认双方签订的解除劳动关系的协议无效，故职业病防治法不适用于本案。

根据劳动合同法第三十六条"用人单位与劳动者协商一致，可以解除劳动合同"的规定，合同法第五十二条合同无效的情形，孔某在意外事故发生后，于2009年9月1日主动向该水泥公司提出一次性解除劳动关系，并就其赔偿等事宜与该水泥公司签订了协议书及解除劳动合同备案登记表。双方当事人已按协议书规定的内容履行完毕。且在孔某签字的解除劳动合同备案登记表中明确约定除养老保险交到2009年12月，其他的失业保险、医疗保险、工伤保险这三种保险，该水泥公司只负责缴纳到2009年9月止。孔某在知晓上述内容的前提下，与某水泥公司签订了协议书及解除劳动合同备案登记表并领取了双方协议书中约定的由该水泥公司给付其的全部款项，表明双方签订的协议及其登记表的内容系双方真实意思表示，双方当事人签订的解除劳动关系协议及其登记表合法有效。

根据《工伤保险条例》第三十四条规定，经工伤职工本人提出，该职工可以与用人单位解除或者终止劳动关系，由用人单位支付一次性工伤医疗补助等相关补偿。结合本案，孔某在意外事故发生后，孔某知晓其应缴纳的失业保险、医疗保险、工伤保险这三种保险某水泥公司在签订协议后只能交到2009年9月止，后期缴纳的费用需要由其自行缴费与某水泥公司无关的前提下，才与某水泥公司签订的协议书及解除劳动合同备案登记表的，双方签订的协议及其登记表合法有效，其内容系双方真实意思表示，不违反法律、法规的强制性规定，也不存在欺诈、胁迫或者乘人之危的情形。

因此，孔某以各项保险未同步缴纳给其造成损失要求确认双方签订的协议无效的上诉请求因证据不足不应予以支持。

以案释法 28

因尘肺病引起的劳动争议纠纷案

2009年12月15日，白某到右玉县某煤业有限公司的普掘二队务工，从事井下工作。并于当天，经白某同意，由该队队长陈某为其与右玉县某煤业有限公司签订了固定期限的劳动合同，合同期限自2009年12月15日起至2010年12月15日止，且于当日填写了员工备案表。白某于2012年3月1日向右玉县劳动争议仲裁委员会申请仲裁，请求右玉县某煤业有限公司支付未订立书面劳动合同期间和应当订立无固定期限劳动合同起至今的二倍工资，右玉县劳动争议仲裁委员会经审查后，作出驳回白某申诉请求的仲裁裁决。白某曾于2012年7月4日向山西职业病医院申请职业病鉴定，山西省职业病诊断鉴定委员会鉴定白某为煤工尘肺一期。2013年4月12日，朔州市人力资源和社会保障局工伤认定白某患职业病属工伤，其伤残程度为七级。现白某要求与右玉县某煤业有限公司解除劳动关系，并由右玉县某煤业有限公司支付工伤保险待遇共计369700元。白某因不服仲裁裁决，向右玉县人民法院提起诉讼，经法院审理查明右玉县某煤业有限公司并没有违反劳动合同法解除或者终止劳动合同的情形，故判决驳回白某诉讼请求。判后，白某不服，向朔州市中级人民法院提出上诉，朔州市中级人民法院判决驳回上诉，维持原判。

后来，白某向朔州市中级人民法院申请再审时称：生效判决认定事实缺乏证据证明。白某与右玉县某煤业有限公司之间存在长期的劳动关系，在2011年7月18日右玉县某煤业有限公司出具的关于白某在右玉县某煤业有限公司工作的证明。2010年4月10日白某被医院检查为肺结核。2010年5月，公司领导考虑到其身体状况，研究决定将其调离岗位至右玉县某煤业有限公司装载机队。2011年3月至4月，白某经中国煤炭工业部肺病康复中心诊断为职业病及煤工尘肺病一期，住院治疗20余日。在治疗期间能源公司却于2011年7月非法将白某开除，并且未履行任何合法手续。朔州市中级人民法院依法组成合议庭驳回了白某的再审申请。

释解

本案争议的焦点主要是白某与右玉县某煤业有限公司是否存在长期劳动关系及其所患尘肺病是否因在右玉县某煤业有限公司工作所致。白某与右玉县某煤业有限公司的劳动关系存续时间为2009年12月15日至2010年12月15日，对于一审、二审生效判决所认定的事实应予以确认，且白某所提交证明的效力不及双方所签订《劳动合同》与档案的证明力，故白某该项主张不予支持。白某确诊尘肺病时间为2012年7月4日，距与右玉县某煤业有限公司合同到期已近2年，而白某从事采掘工作并非只在右玉县某煤业有限公司，据其陈述在其他矿业单位也曾工作，结合尘肺病患病机理，系长期从事粉尘工作所致，故无法判定白某所患尘肺病与在右玉县某煤业有限公司有必然的因果关系，故其要求由右玉县某煤业有限公司承担全部责任于法无据。一、二审法院考虑到白某在右玉县某煤业有限公司虽然只工作一年，但其从事工种亦对其健康有一定的影响，判令能源公司按当年山西城镇居民人均可支配收入补偿白某20411.7元并无不当，应予以维持。

第三节 职业病诊断与职业病病人保障

2011年12月31日，十一届全国人民代表大会常委会审议通过了《关于修改〈中华人民共和国职业病防治法〉的决定》。本次修法对于职业病诊断制度作出了较大的修改，通过明确职业病诊断与鉴定过程中用人单位的举证责任、争议的解决途径，强化相关部门的职责，增强了法律制度的可操作性，这有利于保障职业病病人健康权、劳动权及其相关权益，同时，这一制度对于维持社会的稳定、和谐也有重要的推动作用。

一、职业病诊断

（一）职业病诊断的含义

职业病诊断是指劳动者向法律规定的机构提出诊断申请，由该机构对劳动者在职业过程中因接触有毒、有害等因素而引起的、规定在职业病目录中的疾病作出诊断并且出具证明的过程。

（二）职业病诊断申请主体

劳动者可以在用人单位所在地、本人户籍所在地或者经常居住地依法承担职业病诊断的医疗卫生机构进行职业病诊断。

（三）职业病诊断机构

承担职业病诊断的医疗卫生机构，应当经省、自治区、直辖市人民政府卫生行政部门批准并且应当向社会公布本行政区域内承担职业病诊断的医疗卫生机构的名单。具体说来，承担职业病诊断的医疗卫生机构应当具备下列条件：（1）持有《医疗机构执业许可证》；（2）具有与开展职业病诊断相适应的医疗卫生技术人员；（3）具有与开展职业病诊断相适应的仪器、设备；（4）具有健全的职业病诊断质量管理制度。

从本条规定中我们可以知道，我国对于承担职业病诊断的医疗卫生机构的资格有严格的规定，只有经过省、自治区、直辖市人民政府卫生行政部门批准的医疗卫生机构才具有职业病诊断的资格，行政区域内职业病诊断机构的数量由行政机关予以控制。职业病诊断机构没有法定的级别划分，任何一个经同一地域省级卫生行政部门批准的医疗卫生机构所作出的诊断证明均具有同等的效力。

（四）职业病诊断的依据

国务院卫生行政部门制定职业病诊断标准和职业病诊断、鉴定办法，职业病伤残等级的鉴定办法由国务院劳动保障行政部门会同国务院卫生行政部门进行制定。职业病诊断应当综合分析下列因素：（1）病人的职业史；（2）职业病危害接触史和工作场所职业病危害因素情况；（3）临床表现以及辅助检查结果等。

（五）职业病诊断鉴定程序方面的法律规定

1. 组成

职业病诊断鉴定委员会由相关专业的专家组成。省、自治区、直辖市人民政府卫生行政部门应当设立相关的专家库，需要对职业病争议作出诊断鉴定时，由当事人或者当事人委托有关卫生行政部门从专家库中以随机抽取的方式确定参加诊断鉴定委员会的专家。

2. 程序

职业病诊断鉴定委员会组成人员在对职业病进行诊断时，应当组织三名以上取得职业病诊断资格的执业医师集体诊断，职业病诊断证明书应当由参与诊断的医师共同签署，并经承担职业病诊断的医疗卫生机构审核盖章。

在工作原则上应当遵守职业道德，客观、公正地进行诊断鉴定，不得私下接触当事人，不得收受当事人的财物或者其他好处，与当事人有利害关系的，应当回避并且要对其诊断结果承担相应的责任。

3. 救济

若当事人对职业病诊断有异议的，可以向作出诊断的医疗卫生机构所在地地方人民政府卫生行政部门申请鉴定，相关部门根据当事人的申请，组织职业病诊断鉴定委员会进行鉴定。

当事人对设区的市级职业病诊断鉴定委员会的鉴定结论不服的，可以向省、自治区、直辖市人民政府卫生行政部门申请再鉴定。

（六）职业病诊断的救济

根据职业病防治法第四十九条第二款的规定，劳动者对用人单位提供的工作场所职业病危害因素检测结果等资料有异议，或者因劳动者的用人单位解散、破产，无用人单位提供上述资料的，诊断、鉴定机构应当提请安全生产监督管理部门进行调查，安全生产监督管理部门应当自接到申请之日起三十日内对存在异议的资料或者工作场所的职业病危害因素情况作出判定；有关部门应当配合。

在职业病诊断、鉴定过程中，在确认劳动者职业史、职业病危害接触史时，当事人对劳动关系、工种、工作岗位或者在岗时间有争议的，可以向当地的劳动人事争议仲裁委员会申请仲裁；接到申请的劳动人事争议仲裁委员会应当受理，并在三十日内作出裁决。劳动者对仲裁裁决不服的，可以依法向人民法院提起诉讼。用人单位对仲裁裁决不服的，可以在职业病诊断、鉴定程序结束之日起十五日内依法向人民法院提起诉讼。

二、职业病病人保障

（一）工作待遇保障

用人单位应当保障职业病病人依法享受国家规定的职业病待遇。具体说来主要有：用人单位应当按照国家有关规定，安排职业病病人进行治疗、康复和定期检查；用人单位对不适宜继续从事原工作的职业病病人，应当调离原岗位，并妥善安置，其依法享有的待遇不变；用人单位对从事接触职业病危害的作业的劳动者，应当给予适当岗位津贴；用人单位在发生分立、合并、解散、破产等情形时，应当对从事接触职业病危害的作业的劳动者进行健康检查，并按照国家有关规定妥善安置职业病病人。

（二）健康服务保障

职业病病人的诊疗、康复费用，伤残以及丧失劳动能力的职业病病人的社会保障，按照国家有关工伤保险的规定执行。也就是说职业病病人除依法享有工伤保险外，依照有关民事法律，尚有获得赔偿的权利的，有权向用人单位提出赔偿要求。

（三）各级人民政府保障

若职业病病人所在的用人单位已经不存在或者无法确认劳动关系的，职业病病人可以向地方人民政府民政部门申请医疗救助和生活等方面的救助。地方各级人民政府应当根据本地区的实际情况采取措施，使得职业病病人获得医疗救治。

 以案释法 29

职业病病人的保障案

陈某，49岁，在多家采石厂工作了20多年，因为经常换工作，陈某与采石厂并未签订书面合同，没有工伤保险。2013年陈某感觉不适，回家休养，但是情况并未好转，在当地医疗卫生机构中被确诊为尘肺病。但是对于陈某来说，原来工作的采石厂早已经关闭，他完全无法享受国家的工伤待遇，每天上百元的医药费使他不堪重负。

 释解

根据职业病防治法第六十二条规定："用人单位已经不存在或者无法确认劳动关系的职业病病人，可以向地方人民政府民政部门申请医疗救助和生活等方面的救助。地方各级人民政府应当根据本地区的实际情况，采取其他措施，使前款规定的职业病病人获得医疗救治。"

结合本案来看，由于原来的采石厂早已经因破产或者改制而不存在了，陈某还多次换工作，并且尘肺病可能因为长年累月的工作所致，无法追究单个采石厂的责任。但是陈某可以向地方人民政府民政部门申请医疗救助和生活等方面的救助，来解决当前的困难。政府作为公共服务的提供者，有义务对像陈某这样没有加入工伤保险的劳动者进行救助。若仅仅让劳动者承受制度缺陷带来的后果，对于那些在工作岗位上作出过很多贡献的劳动者是不公平的，也极易由此引发更多影响社会稳定的隐患。

第四节　职业病中医防治

随着工农业生产的迅速发展，人类大规模的生产活动在创造巨大物质财富的同时，不良的生产环境和生产条件也严重地影响着从业者的健康。中国目前职业病患者逐年增加，有些严重的患者几乎全部丧失劳动能力。中医在治疗职业病方面有突出的优势。我国十分重视中医对于职业病的防治工作，在2009年4月，卫生部、人力资源和社会保障部、国家中医药管理局、中国残联共同制定并发布了《盲人医疗按摩管理办法》，把改善盲人基本生活状况、促进残疾人事业和中医药事业发展作为盲人医疗按摩工作的出发点，研究规律、丰富实践，完善机制、健全制度，规范管理、保障权益，突出特色、发挥优势，促进盲人医疗按摩事业与残疾人事业、中医药事业协调发展，为国家经济社会发展作出贡献。

一、概述

盲人医疗按摩，是指由盲人从事的有一定治疗疾病目的的按摩活动。盲人医疗按摩属于医疗行为，应当在医疗机构中开展。盲人医疗按摩人员属于卫生技术人员，应当具备良好的职业道德和执业水平，其依法履行职责，受法律保护。

二、主管部门

县级以上地方残疾人联合会、人力资源和社会保障部门以及卫生行政部门、中医药管理部门根据职责分工对盲人医疗按摩进行管理。

三、盲人医疗按摩所及其从业人员的条件

（一）盲人医疗按摩所的条件

开办盲人医疗按摩所应当符合下列条件：（1）开办人应当为盲人医疗按摩人员；（2）至少有1名从事盲人医疗按摩活动5年以上的盲人医疗按摩人员；（3）至少有1张按摩床及相应的按摩所需用品，建筑面积不少于40平方米；（4）有必要的消毒设备；（5）有相应的规章制度，装订成册的国家制定或者认可的盲人医疗按摩技术操作规程；（6）能够独立承担法律责任；（7）有设区的市级残疾人联合会出具的同意开办盲人医疗按摩所的证明文件。

（二）从业人员的条件

符合下列条件之一的盲人，持设区的市级残疾人联合会出具的审核同意证明，可以申请在医疗机构中从事盲人医疗按摩活动：（1）取得盲人医疗按摩专业技术职务任职资格的；（2）取得盲人医疗按摩中等专业及以上学历，并且连续从事盲人医疗按摩活动2年以上的；（3）在医疗机构中连续从事盲人医疗按摩活动满15年的；（4）在医疗机构中连续从事盲人医疗按摩活动2年以上不满15年，并且通过盲

人医疗按摩人员考试的；（5）取得盲人医疗按摩中等专业及以上学历，并且通过盲人医疗按摩人员考试的；通过盲人医疗按摩人员考试的盲人，取得考试合格证明，同时取得盲人医疗按摩人员初级专业技术职务任职资格。

四、盲人医疗按摩人员的权利与义务

（一）权利

盲人医疗按摩人员在工作中享有下列权利：（1）参与技术经验交流，参加专业学术团体；（2）参加业务培训和继续教育；（3）在工作中，人格尊严、人身安全不受侵犯；（4）获取报酬；（5）对卫生工作提出意见和建议。

（二）义务

盲人医疗按摩人员在工作中应当履行下列义务：（1）遵守法律、法规、规章和相关技术操作规范；（2）树立敬业精神，遵守职业道德；（3）关心、爱护、尊重患者，保护患者的隐私；（4）接受培训和继续教育，努力钻研业务，提高专业技术水平。

五、推拿对于职业病防治的作用

推拿，是一种非药物的自然疗法、物理疗法。通常是指医者运用自己的双手作用于病患的体表、受伤的部位、不适的所在、特定的腧穴、疼痛的地方，具体运用推、拿、按、摩、揉、捏、点、拍等形式多样的手法，以期达到疏通经络、推行气血、扶伤止痛、祛邪扶正、调和阴阳的疗效。

（一）疏通经络

《黄帝内经》里说"经络不通；病生于不仁，治之以按摩"，说明按摩有疏通经络的作用。从职业病防治的角度来看，按摩主要是通过刺激末梢神经，促进血液、淋巴循环及组织间的代谢过程，以协调各组织、器官间的功能，使机能的新陈代谢水平有所提高。

（二）调和气血

明代养生家罗洪在《万寿仙书》里说："按摩法能疏通毛窍，能运旋荣卫。"这里的运旋荣卫，就是调和气血之意。因为按摩就是以柔软、轻和之力，循经络、按穴位，施术于人体，通过经络的传导来调节全身，借以调和营卫气血，增强机体健康。现代医学认为，推拿手法的机械刺激，通过将机械能转化为热能的综合作用，以提高局部组织的温度，很好地治疗某些职业病。

（三）提高免疫力

临床实践及其他动物实验皆证明，推拿按摩具有抗炎、提高免疫力的作用，可增强人体的抗病能力。也正是由于按摩能够疏通经络。使气血周流、保持机体的阴阳平衡，所以按摩后可感到肌肉放松、关节灵活，使人精神振奋，消除疲劳，对职业病的预防有重要作用

第十章
传染病中医防治法律制度

　　传染病严重威胁人类健康，完善的法律制度是预防、控制、消除传染病的保障。预防、控制、消除传染病不仅仅需要依靠西医，中医也有着不可忽视的重要作用。国家对传染病防治实行预防为主的方针，防治结合、分类管理、依靠科学、依靠群众。2003年"非典"疫情后，分别于2004年、2013年对1989年颁布的传染病防治法进行修订，并出台多项配套法规、规章。传染病防治工作是我国卫生事业的重要组成部分，关系到广大人民群众切身利益，依法开展传染病中医防治工作，能够促进传染病预防控制措施有效实施，保障人们的身体健康。

第一节　传染病中医预防

　　传染病的防治须坚持预防为主的原则，中医预防是传染病防治的一个重要部分，通过动员全社会广泛开展中医预防传染病的健康教育、普及中医传染病预防知识，使广大群众自觉讲究个人卫生，从而建立起中医预防传染病的"万里长城"。如果发生了传染病疫情，因为有群众的积极配合以及政府相关部门采取有效的治理措施，从而使疫情能够在短时间内得到有效控制，因此可以说，中医传染病预防是传染病防治工作中不可或缺的一个重要环节。

一、传染病的分类
　　我国将传染病分为三类，分别是甲类、乙类和丙类。国务院卫生行政部门根据传染病暴发、流行情况和危害程度，可以决定增加、减少或者调整乙类、丙类传染病病种并予以公布。

（一）甲类传染病

甲类传染病是指：鼠疫、霍乱。

（二）乙类传染病

乙类传染病是指：传染性非典型肺炎、艾滋病、病毒性肝炎、脊髓灰质炎、人感染高致病性禽流感、麻疹、流行性出血热、狂犬病、流行性乙型脑炎、登革热、炭疽、细菌性和阿米巴性痢疾、肺结核、伤寒和副伤寒、流行性脑脊髓膜炎、百日咳、白喉、新生儿破伤风、猩红热、布鲁氏菌病、淋病、梅毒、钩端螺旋体病、血吸虫病、疟疾。

（三）丙类传染病

丙类传染病是指：流行性感冒、流行性腮腺炎、风疹、急性出血性结膜炎、麻风病、流行性和地方性斑疹伤寒、黑热病、包虫病、丝虫病，除霍乱、细菌性和阿米巴性痢疾、伤寒和副伤寒以外的感染性腹泻病。

二、传染病预防与应急准备制度

（一）监测与预警制度

1. 国家建立传染病监测制度

一是国务院卫生行政部门制定国家传染病监测规划和方案。省、自治区、直辖市人民政府卫生行政部门根据国家传染病监测规划和方案，制定本行政区域的传染病监测计划和工作方案。二是各级疾病预防控制机构对传染病的发生、流行以及影响其发生、流行的因素，进行监测；对国外发生、国内尚未发生的传染病或者国内新发生的传染病，进行监测。其目的是为控制传染病进行决策、制定方案、措施的实施、效果评价和调整有关政策服务，最重要的是通过早期监测发现传染病的流行，及时采取控制措施。

2. 国家建立传染病预警制度

国务院卫生行政部门和省、自治区、直辖市人民政府根据传染病发生、流行趋势的预测，及时发出传染病预警，根据情况予以公布。其方法按照不同病种分为两类：对甲类和按照甲类管理的乙类传染病按照直接设定绝对预警值的方式进行预警；对乙类、丙类传染病实现动态自动预警。其发布的方式可分为内部通报和社会公布，预警发布权限严格设定为国务院卫生行政部门和各省、自治区、直辖市人民政府。

3. 国家制定应急预案

传染病防治法第二十条规定了县级以上地方人民政府应当制定传染病预防、控制预案，在接到政府发出的传染病预警后，应当按照预案，采取相应的预防、控制措施。

传染病预防、控制预案应当包括以下主要内容：（1）传染病预防控制指挥部的组成和相关部门的职责；（2）传染病的监测、信息收集、分析、报告、通报制度；（3）疾病预防控制机构、医疗机构在发生传染病疫情时的任务与职责；（4）传染病暴发、流行情况的分级以及相应的应急工作方案；（5）传染病预防、疫点疫区现场控制，应急设施、设备、救治药品和医疗器械以及其他物资和技术的储备与调用。

（二）明确各部门职责

传染病防治工作不仅仅是卫生行政部门的职责，相关行政部门甚至每个公民都有责任和义务参与其中。各级各部门各司其职，公民充分参与才能够有效地预防传染病。

1. 政府以及卫生、农业、水利、林业、交通等相关行政部门的职责

各级人民政府组织开展群众性卫生活动，进行预防传染病的健康教育，倡导文明健康的生活方式，提高公众对传染病的防治意识和应对能力，加强环境卫生建设，消除鼠害和蚊、蝇等病媒生物的危害；还应当有计划地建设和改造公共卫生设施，改善饮用水卫生条件，对污水、污物、粪便进行无害化处置。

各级人民政府农业、水利、林业行政部门按照职责分工负责指导和组织消除农田、湖区、河流、牧场、林区的鼠害与血吸虫危害，以及其他传播传染病的动物和病媒生物的危害。

铁路、交通、民用航空行政部门负责组织消除交通工具以及相关场所的鼠害和蚊、蝇等病媒生物的危害。

2. 卫生行政部门以及其他疾病预防控制机构、医疗机构、采供血机构的职责

各级疾病预防控制机构在传染病预防控制中履行下列职责：（1）实施传染病预防控制规划、计划和方案；（2）收集、分析和报告传染病监测信息，预测传染病的发生、流行趋势；（3）开展对传染病疫情和突发公共卫生事件的流行病学调查、现场处理及其效果评价；（4）开展传染病实验室检测、诊断、病原学鉴定；（5）开展健康教育、咨询，普及传染病防治知识；（6）指导、培训下级疾病预防控制机构及其工作人员开展传染病监测工作；（7）开展传染病防治应用性研究和卫生评价，提供技术咨询。

医疗机构必须严格执行国务院卫生行政部门规定的管理制度、操作规范，防止传染病的医源性感染和医院感染。具体说来，医疗机构应当确定专门的部门或者人员，承担传染病疫情报告、本单位的传染病预防、控制以及责任区域内的传染病预防工作；承担医疗活动中与医院感染有关的危险因素监测、安全防护、消毒、隔离和医疗废物处置工作。

采供血机构、生物制品生产单位必须严格执行国家有关规定，禁止非法采集血液或者组织他人出卖血液，保证血液、血液制品的质量，防止因输入血液、使用血液制品引起经血液传播疾病的发生。

（三）具体预防性措施

针对传染病的预防，传染病防治法规定了具体的预防措施。

1. 国家实行有计划的预防接种制度

国务院卫生行政部门和省、自治区、直辖市人民政府卫生行政部门，根据传染病预防、控制的需要，制定传染病预防接种规划并组织实施。用于预防接种的疫苗必须符合国家质量标准。并且国家对儿童实行预防接种证制度，医疗机构、疾病预防控制机构与儿童的监护人应当相互配合，保证儿童及时接受预防接种。

2. 关于人畜共患传染病的规定

县级以上人民政府农业、林业行政部门以及其他有关部门，依据各自的职责负责与人畜共患传染病有关的动物传染病的防治管理工作。与人畜共患传染病有关的野生动物、家畜家禽只有经过检疫合格后，方可出售、运输。

3. 关于传染病菌种、毒种的规定

国家对于传染病菌种、毒种和传染病检测样本的采集、保藏、携带、运输和使用实行严格分类管理的制度。由国家建立传染病菌种、毒种库。对于可能导致甲类传染病传播的以及国务院卫生行政部门规定的菌种、毒种和传染病检测样本，确需采集、保藏、携带、运输和使用的，须经省级以上人民政府卫生行政部门批准。

4. 关于消毒产品、饮用水的规定

用于传染病防治的消毒产品、饮用水供水单位供应的饮用水和涉及饮用水卫生安全的产品，应当符合国家卫生标准和卫生规范。饮用水供水单位从事生产或者供应活动，应当依法取得卫生许可证。生产用于传染病防治的消毒产品的单位和生产用于传染病防治的消毒产品，应当经省级以上人民政府卫生行政部门审批。具体办法由国务院制定。

对被传染病病原体污染的污水、污物、场所和物品，有关单位和个人必须在疾病预防控制机构的指导下或者按照其提出的卫生要求，进行严格消毒处理；拒绝消毒处理的，由当地卫生行政部门或者疾病预防控制机构进行强制消毒处理。

以上这些措施在《疫苗流通和预防接种管理条例》《病原微生物实验室生物安全管理条例》《消毒管理办法》等法规、规章中得以更加详实地体现。

中医成为传染病应急防控救治的主力

2011年8月25日，长春市某医院紧急收治一名疑似皮肤炭疽的昏迷患者。当时，恰值中西医结合科主任罗某值班，他立即安排患者进入隔离病房，经查迅速诊断为皮肤炭疽合并脑膜炎型炭疽。医院紧急启动突发疫情应对机制，4小时后，证实该患者为皮肤炭疽、脑膜炎型炭疽、肺炭疽三型合一的内蒙古输入病例。

炭疽，是由炭疽杆菌所致，一种人畜共患的急性传染病。人因接触病畜及其产品及食用病畜的肉类而发生感染。临床上主要表现为皮肤坏死、溃疡、焦痂和周围组织广泛水肿及毒血症症状，偶可引致肺、肠和脑膜的急性感染，并可伴发败血症。长春市某医院自构建以中医为主体传染病防治新模式以来遇到的重大突发公共卫生事件，长春市某医院以中西医结合科为基础力量，成功完成了这起疫情的应急防控救治任务，未造成一例密切接触者感染和发病。

中医药事业在党和国家的重视下迅猛发展，日益显示出重要价值，疗效确切、费用低廉，有力缓解了群众看病贵、看病难的问题。中医药对传染病防治工作要进一步积极争取国家级或省级中医药治疗艾滋病、结核病、肝病的项目申报；要充分发挥医院的资源优势，大力开展中医药临床科学研究，积极建立和培育一批稳定的、能够运用中医药理论和技术快速反应、高效应对传染病的临床科研人才队伍；要通过参与国家中医药防治传染病临床科研平台建设，能及时了解掌握传染病发生发展动态并及时转化运用中医药防治传染病的技术成果，在新发、突发传染性疾病防治中能使用临床实践性强、效果稳定可靠的中医诊疗方案，提升中医药应对传染病临床防治能力和水平，探索出一条新路子，发挥中医药简、便、廉、验的优势，降低医药成本，为传染病患者提供价廉质优的医疗服务。实践表明了中医药在防控突发传染病事件的能力和水平，保障了群众的生命健康。

 以案释法 30

魏某与妇幼保健院医疗损害责任纠纷案

2013年5月11日，魏某高烧不退、病因不明在山西省某妇幼保健院（以下简称妇幼保健院）处住院，经会诊疑似黑热病，建议转院去北京某大医院诊治。同年5月24日经北京某大医院确诊为黑热病、支气管肺炎、中性粒细胞缺乏症、肝功能异常、心电图异常、中度贫血。魏某又于同年5月30日在该妇幼保健院进一步住院治疗，该院医务人员在诊疗过程中未遵循传染病预防相关的法律法规、护理规范，未安排原告住无菌隔离病房，诊疗方案错误，护理过程中未尽到护理义务，对魏某左髂骨抽血后皮肤发红的客观体征没有及时发现、处置，造成魏某左髂骨皮肤大面积感染坏死、结肠部分清除。现魏某诉至法院，请求判令该妇幼保健院赔偿因医疗侵权造成的各项财产损失共计200201.5元，精神损失抚慰金30000元。

本案争议焦点为妇幼保健院对魏某的诊疗行为是否具有过错；妇幼保健院的诊疗过错与魏某损害结果有无因果关系及过错参与度。

妇幼保健院医务人员在诊疗过程中未安排魏某住无菌隔离病房，造成魏某的进一步感染。在经过司法鉴定后，认定妇幼保健院在为魏某的诊治过程中存在过错，其过错与魏某的损害后果存在因果关系。参照该鉴定意见关于妇幼保健院过错行为对魏某损害后果的参与度，确定妇幼保健院应承担魏某损失的50%的赔偿责任。具体来讲，该妇幼保健院应赔偿魏某医疗费实际支出79214.64元、护理费25292元、伙食补助费5350元、营养费8400元、伤残赔偿金44000元、精神抚慰金15000元。

第二节　疫情报告、通报和公布

早在1959年我国传染病疫情报告工作就已经建立起来了。2003年暴发严重"非典"疫情之后，我国传染病疫情报告工作进一步发展并逐渐完善。传染病防治法规定了传染病疫情报告应当遵循疫情报告属地管理原则，按照国务院规定的或者国务院卫生行政部门规定的内容、程序、方式和时限报告。

一、传染病疫情报告

（一）传染病疫情报告的主体

传染病疫情报告的主体有三类：（1）疾病预防控制机构、医疗机构和采供血机构及其执行职务的人员；（2）港口、机场、铁路疾病预防控制机构以及国境卫生检疫机关发现甲类传染病病人、病原携带者、疑似传染病病人时应该报告；（3）任何单位和个人发现传染病病人时，都有报告的义务。

（二）传染病疫情报告的内容

传染病疫情报告的内容包括三种：（1）法定传染病，不论暴发、流行或者是散发均应报告；（2）其他传染病暴发、流行时才进行报告；（3）突发原因不明的传染病时应当报告。

二、传染病疫情通报

传染病疫情信息对于控制传染病具有十分重要的意义，秉承"立即"或"及时"的原则，传染病防治法规定了多个层次和范围的传染病疫情通报制度。

负有传染病疫情报告职责的人民政府有关部门、疾病预防控制机构、医疗机构、采供血机构及其工作人员，不得隐瞒、谎报、缓报传染病疫情。

（一）政府、卫生行政部门、其他行政部门、军队间的通报

1.疾病预防控制机构

疾病预防控制机构应当主动收集、分析、调查、核实传染病疫情信息。接到甲类、乙类传染病疫情报告或者发现传染病暴发、流行时，应当立即报告当地卫生行政部门，由当地卫生行政部门立即报告当地人民政府，同时报告上级卫生行政部门和国务院卫生行政部门。

2.国务院卫生行政部门

国务院卫生行政部门应当及时向国务院其他有关部门和各省、自治区、直辖市人民政府卫生行政部门通报全国传染病疫情以及监测、预警的相关信息。

3.县级以上人民政府有关部门

县级以上人民政府有关部门发现传染病疫情时，应当及时向同级人民政府卫生行政部门通报。

4.中国人民解放军卫生主管部门

中国人民解放军卫生主管部门发现传染病疫情时，应当向国务院卫生行政部门通报。

（二）卫生行政部门向其系统内部的疾病预防控制机构、医疗机构及工作人员的通报

县级以上地方人民政府卫生行政部门应当及时向本行政区域内的疾病预防控制机构和医疗机构通报传染病疫情以及监测、预警的相关信息。接到通报的疾病预防控制机构和医疗机构应当及时告知本单位的有关人员。

（三）毗邻的以及相关的地方人民政府卫生行政部门间的通报

毗邻的以及相关的地方人民政府卫生行政部门，应当及时互相通报本行政区域的传染病疫情以及监测、预警的相关信息。

（四）动物防疫机构和疾病预防控制机构之间的通报

动物防疫机构和疾病预防控制机构，应当及时互相通报动物间和人间发生的人畜共患传染病疫情以及相关信息。

三、传染病疫情公布

（一）法定传染病疫情的公布

国务院卫生行政部门每月10日左右在其官方网站上公布上个月全国法定传染病疫情概况，每年年初公布上一年度全国法定传染病疫情概况。省、自治区、直辖市人民政府卫生行政部门定期公布本行政区域的传染病疫情信息，每月6—15日在其官方网站上公布上月的疫情信息概况。公布的信息一般是每种法定传染病的发病数、死亡数。

（二）暴发、流行传染病疫情的公布

传染病暴发、流行时，国务院卫生行政部门向社会公布传染病疫情信息，并可以授权省级卫生行政部门向社会公布本行政区域的传染病疫情信息。公布暴发、流行传染病疫情的信息应当更为及时、准确、详细，公布疫情的途径也应多样化，除了在网站上公布外，电视、报纸也应及时通报，让更多的人了解疫情信息。

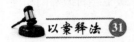

医疗服务合同纠纷案

孙某系厦门某对外劳务合作有限公司（下称某劳务公司）的船员。2012年1月1日，孙某与该劳务公司签订一份《外派船员协议书》，孙某被派遣至某航运股份有限公司所属外籍船舶服务并担任三副。在某劳务公司的组织安排下，孙某于2011年12月19日到旅行保健中心处进行了身体检查。2011年12月20日，旅行保健中心（经国家出入境检验检疫局核准，厦门检验检疫局设置，主要负责传染病监测与健康体检、旅行预防接种、卫生保健咨询、医疗保健门诊、卫生检疫技术科研开发与技术服务，提供技术指导）并得出结论，未发现患有检疫传染病、监测传染病和其他严重危害公共健康的疾病，特出证明认为其可胜任船员工作（证明文件均加盖"中华人民共和国厦门出入境检验检疫局"健康体检签证专用章）。孙某在外国某船上工作数月后，因身体不适于2012年6月8日至深圳市第六人民医院就诊，诊断为：白细胞增多症，经治疗，孙某于2012年6月30日出院，出院诊断为："1.慢性白血病；2.继发性骨髓纤维化；3.眼底出血；4.支气管炎"，治疗结果为好转。此后孙某至苏州大学附属第一医院就诊，并于2012年10月9日办理了基本医疗保险转外就医手续，经治疗，孙某于2013年1月28日出院，出院诊断：慢性髓细胞性白血病，母供子半相合骨髓移植状态，出血性膀胱炎，巨细胞病毒血症。

孙某于2013年6月26日向厦门市某区人民法院起诉，请求判令旅行保健中心和厦门检验检疫局共同赔偿各项损失共计1234716.59元，一审判决驳回起诉。孙某不服诉至厦门市中级人民法院。

根据《国境卫生检疫法》第三条、第四条及其《国境卫生检疫法实施细则》第四条规定，凡出入国境人员都必须接受卫生检验检疫部门对传染病进行检疫、监测，厦门检验检疫局作为国家出入境检验检疫局在厦门设立的国境卫生检疫机构，依法对出入境人员实施传染病检疫、监测，旅行保健中心是厦门检验检疫局依法设置具

体实施出入境人员传染病监测和健康检查工作的单位，其受厦门检验检疫局的授权对船员进行体检及签发健康检查证明，系履行法定传染病检疫监测职责、防止传染病由国内传出的国境卫生检疫执法行为。

在本案中，上诉人孙某本次在某劳务公司的组织安排下至旅行保健中心进行健康检查系为上外籍船舶工作而接受法定的传染病检疫，厦门检验检疫局设置并授权旅行保健中心具体实施对出入境人员传染病监测和健康检查，以及旅行保健中心依照授权在经检查未发现孙某患有检疫传染病、监测传染病和其他严重危害公共健康疾病的情形下，按照相关规定制作签发证明文件的行为并无过错。旅行保健中心在进行检查后，已经及时将检查结果交予得到孙某授权的某劳务公司，厦门检验检疫局和旅行保健中心对孙某所患慢性白血病及治疗过程不存在过错，不应承担赔偿责任。孙某请求厦门检验检疫局和旅行保健中心赔偿其各项损失的请求，事实和法律依据不足，厦门市中级人民法院不予支持。旅行保健中心在本案二审审理中表示，基于人道主义愿意给予孙某8万元医疗帮助，乃是其真实意思表示予以准许。因此深圳市中院判决驳回上诉人孙某的上诉，维持原判；厦门国际旅行卫生保健中心于本判决生效之日起10日内支付孙某8万元。

第三节　疫情控制

我国传染病防治法规定，在发现传染病疫情、发现甲类传染病、传染病暴发流行、甲类乙类传染病暴发流行的情况下，各种有法定义务的组织和机构应当及时采取疫情控制制度，不同主体在此时会采取不同疫情控制的措施。

一、县级以上地方人民政府

（一）甲类传染病发生时

对已经发生甲类传染病病例的场所或者该场所内的特定区域的人员，所在地的县级以上地方人民政府可以实施隔离措施，并同时向上一级人民政府报告；接到报告的上级人民政府应当即时作出是否批准的决定，若不予批准，实施隔离措施的人民政府应当立即解除隔离措施。国务院决定实施交通卫生检疫，防止该传染病通过交通工具及其乘运的人员、物资传播。

在隔离期间，实施隔离措施的人民政府应当对被隔离人员提供生活保障；被隔离人员有工作单位的，所在单位不得停止支付其隔离期间的工作报酬。当隔离可以解除时，原决定机关应当及时决定并宣布解除。

（二）传染病暴发、流行时

传染病暴发、流行时，县级以上地方人民政府应当立即组织力量，按照预防、控制预案进行防治，切断传染病的传播途径，必要时，报经上一级人民政府决定，可以采取下列紧急措施并予以公告：（1）限制或者停止集市、影剧院演出或者其他人群聚集的活动；（2）停工、停业、停课；（3）封闭或者封存被传染病病原体污染的公共饮用水源、食品以及相关物品；（4）控制或者扑杀染疫野生动物、家畜家禽；（5）封闭可能造成传染病扩散的场所。

（三）甲、乙类传染病暴发、流行时

甲类、乙类传染病暴发、流行时，县级以上地方人民政府报经上一级人民政府决定，可以宣布本行政区域部分或者全部为疫区；国务院可以决定并宣布跨省、自治区、直辖市的疫区。县级以上地方人民政府可以在疫区内采取紧急措施，并可以对出入疫区的人员、物资和交通工具实施卫生检疫；省、自治区、直辖市人民政府可以决定对本行政区域内的甲类传染病疫区实施封锁；但是，封锁大、中城市的疫区或者封锁跨省、自治区、直辖市的疫区，以及封锁疫区导致中断干线交通或者封锁国境的，由国务院决定。疫区封锁的解除，由原决定机关决定并宣布。

根据传染病疫情控制的需要，国务院有权在全国范围或者跨省、自治区、直辖市范围内，县级以上地方人民政府有权在本行政区域内紧急调集人员或者调用储备物资，临时征用房屋、交通工具以及相关设施、设备。依法紧急调集的人员，应当按照规定给予合理报酬。临时征用房屋、交通工具以及相关设施、设备的，应当依法给予补偿；能返还的，应当及时返还。

二、卫生行政部门

发生传染病疫情时，疾病预防控制机构和省级以上人民政府卫生行政部门指派的其他与传染病有关的专业技术机构，可以进入传染病疫情发生现场，组织相关的疫情调查、采集样本、技术分析和检验；为政府提供相关技术调查、评价结果以及控制处置措施；行使封闭水源、封存物品、暂停销售等行政控制权；指导、组织、监督相关的医疗卫生单位履行相应的法定职责。

三、疾病预防控制机构

疾病预防控制机构发现传染病疫情或者接到传染病疫情报告时，应当及时采取下列措施：（1）对传染病疫情进行流行病学调查，根据调查情况提出划定疫点、疫区的建议，对被污染的场所进行卫生处理，对密切接触者，在指定场所进行医学观察和采取其他必要的预防措施，并向卫生行政部门提出疫情控制方案；（2）传染病暴发、流行时，对疫点、疫区进行卫生处理，向卫生行政部门提出疫情控制方案，并按照卫生行政部门的要求采取措施；（3）指导下级疾病预防控制机构实施传染病预防、控制措施，组织、指导有关单位对传染病疫情的处理。

四、医疗机构

医疗机构对本单位内被传染病病原体污染的场所、物品以及医疗废物，必须依照法律、法规的规定实施消毒和无害化处置。

（一）医疗机构发现甲类传染病时

医疗机构发现甲类传染病时，应当及时采取下列措施：（1）对病人、病原携带者，予以隔离治疗，隔离期限根据医学检查结果确定；（2）对疑似病人，确诊前在指定场所单独隔离治疗；（3）对医疗机构内的病人、病原携带者、疑似病人的密切接触者，在指定场所进行医学观察和采取其他必要的预防措施。

（二）医疗机构发现乙、丙类传染病时

医疗机构发现乙类或者丙类传染病病人，应当根据病情采取必要的治疗和控制传播措施。

为了查找传染病病因，医疗机构在必要时可以按照国务院卫生行政部门的规定，对传染病病人尸体或者疑似传染病病人尸体进行解剖查验，并应当告知死者家属。

 以案释法 ③

因乙肝引发的入职纠纷案

2010年12月2日，胡某入职唐山某生物工程有限公司，任洗瓶岗位技师一职，签订三年劳动合同，合同中约定：本合同的附件包括原、被告签订的《岗位职责说明书》，该岗位职责说明书中岗位特征第四项体能要求：健康、无传染病和皮肤病，能够从事疫苗生产；合同约定试用期6个月，每月工资2040元，试用期工资为1632元。2011年5月15日，接到生产部副经理郭某通知，要求胡某准备转正总结和述职幻灯片。试用期满之后，该生物工程有限公司要求胡某在体检中心进行的体检，体检项目中含有乙肝五项检测。2011年6月16日，本公司生产部副经理郭某、人力经理郑某先后找胡某谈话，以体检结果为乙肝携带者为理由而辞退胡某。唐山某生物工程有限公司当天出具公司解除劳动合同书并让胡某立即签字。随后胡某离开唐山某生物工程有限公司，该公司发放了胡某工作期间的工资。胡某本对所从事的工作十分热爱，对未来满怀憧憬，被辞退后精神大受打击。胡某到唐山市高新技术开发区劳动仲裁委员会申请仲裁，高新区劳动争议仲裁委员会不予受理。胡某不服，于2012年5月14日诉至唐山市路北区人民法院，要求被告赔礼道歉、支付精神损害抚慰金、工资损失。

 释解

我国宪法明确规定了公民有平等就业权利，任何单位和个人不能侵犯公民平等就业权，劳动法也对劳动者的平等就业的权利加以保护；传染病防治法第十六条规定："任何单位和个人不得歧视传染病病人、病原携带者和疑似传染病病人。"

结合本案，胡某被迫离职确实对其造成了一定伤害，但是原告胡某与被告唐山某生物工程有限公司签订的劳动合同书合法有效，原、被告在劳动合同书附件《岗位职责说明书》中约定了劳动者的岗位职责，原告胡某应予遵守。原告在试用期体检不符合与被告签订《岗位职责说明书》的约定，被告依据劳动合同法第三十九条第一项规定"在适用期间被证明不符合录用条件的"，解除与原告胡某的劳动关系，合法有效。故原告要求被告赔礼道歉、支付精神损害抚慰金、工资损失依据不足，法院不予支持，驳回原告胡某的诉讼请求。

第四节　传染病中医防治

随着社会环境、生活方式的转变，新发、突发传染病对人们健康的威胁日益凸显。而中医药在面对不明原因的突发、新发疾病时，有着独特的优势。建立传染病中医防治体系，对于支撑和提升这种优势，保障人民群众健康，具有重要的战略意义。为进一步发挥中医药在传染病防治中的作用，加强中医药防治传染病体系建设，我国根据传染病防治法的要求，制定了《卫生部国家中医药管理局关于在卫生应急工作中充分发挥中医药作用的通知》《中医药防治传染病临床科研体系建设方案（试行）》等政策方案。

一、建设意义

建立传染病中医防治体系是为中医药传染病救治提供相应平台的重要举措；是理论结合实践，探索中医药传染病应急工作模式和机制的重要举措；是整合资源，构建中医药防控急性传染病和突发公共卫生事件应急体系的重要举措；是形成一支稳定的临床、科研、文献、预警预测等各方面的中医药专家队伍的重要举措；也是发挥中医药防治疫病的独有优势，提高我国应对重大突发公共卫生事件能力的重要举措。

二、指导思想

传染病中医防治体系的建设要立足当前、着眼长远，遵循"转观念、建体系、创机制、育队伍、升能力、见实效"的基本思路，以提高中医药应对传染病的临床防治能力为核心，促进临床与科研工作同步展开，促进中医药学与现代医学有机结合，为中医药应对传染病的科学防控提供技术方法、人才队伍、平台基地和模式机制保障，进一步发挥中医药防治传染病的特色和优势，提高对人民健康的贡献度。

三、职责任务

中医药防治传染病需要积极建设临床科研体系，主要包括决策调控系统、专家保障系统、临床科研系统。决策调控系统以国家中医药管理局及地方各级卫生、中医药管理部门成立的中医药防治传染病工作领导小组共同构成；专家保障系统由国家中医药管理局中医药防治传染病工作专家委员会、各省（区、市）中医药防治传染病专家组及中医药防治传染病重点研究室和临床基地学术专家委员会共同构成；临床科研系统以由全国中医药防治传染病临床研究中心（依托中国中医科学院、中国疾病预防控制中心建立）、中医药防治传染病重点研究室和临床基地为主体，结合相关中医药临床和科研资源共同组成。

（一）决策调控系统

1. 国家中医药防治传染病工作领导小组

（1）按照国家相关传染病联防联控领导小组工作要求和国家中医药防治传染病工作的总体部署，研究制定临床科研体系的建设规划。

（2）协调卫生部、财政部等相关部门研究制定保障和促进临床科研体系健康发展和有效运行的相关政策。

（3）建立与世界卫生组织、中国疾病预防控制中心等相关组织和单位的沟通、协调工作机制。

（4）组建国家中医药管理局中医药防治传染病工作专家委员会并建立专家库。

（5）组织实施中医药防治传染病相关医疗和科研项目，确立项目目标、任务及承担单位。

（6）对各省（区、市）中医药应对传染病的科研组织、临床救治、中医药防治传染病重点研究室和临床基地建设等工作进行宏观指导和运行监督。

2. 各省（区、市）中医药防治传染病工作领导小组

（1）组织落实本地区临床科研体系的建设规划及各项政策。

（2）组建本地区中医药防治传染病专家组。

（3）建立完善本地区中医药防治传染病临床科研组织协调工作机制。

（4）组织实施本地区中医药防治传染病临床救治工作。

（5）负责本地区中医药防治传染病相关医疗和科研项目具体组织实施、中医药防治传染病重点研究室和临床基地建设等工作进度和质量的监管。

（二）专家保障系统

1. 国家中医药管理局中医药防治传染病工作专家委员会

（1）负责为中医药防治传染病相关战略规划和政策法规的制定与实施提供咨询和建议。

（2）指导、参与中医药防治传染病临床诊疗和预防方案的研究制定。

（3）进行中医药防治传染病医疗和科研重大项目的宏观指导和论证。

（4）组织有关中医药防治传染病重大科研项目的实施，并对相关工作提出咨询意见和建议。

（5）对各地中医药防治传染病重点研究室和临床基地建设工作提供业务咨询和技术指导。

2. 各省（区、市）中医药防治传染病专家组

（1）参与本地区临床科研体系建设规划及相关政策的制定。

（2）根据国家有关精神，结合区域实际，参与制定完善本地区中医药应对传染病临床诊疗方案、预防方案。

（3）对本地区承担的中医药防治传染病相关科研项目、中医药防治传染病重点研究室（临床基地）建设等工作提供技术指导和咨询。

（三）临床科研系统

1. 全国中医药防治传染病临床研究中心

（1）围绕中医药防治传染病的重点需求，协助开展相关战略研究并参与整体规划制定。

（2）负责组织推进中医药防治传染病临床科研体系的运行和建设。

（3）牵头组织中医药应对传染病临床治疗及预防技术方案的制定及修订工作。

（4）负责中医药防治传染病相关医疗和科研重大项目的顶层设计，并对实施过程中的重大问题提供咨询和建议。

（5）开展中医药防治传染病的相关研究工作，建立临床科研一体化平台操作规范，促进解决中医药防治传染病临床、科研的关键问题和共性技术。

（6）收集、整理、分析中医药预防、治疗传染病和相关科学研究等方面信息，为相关政府部门提供科学决策依据和建议。

（7）围绕中医药防治传染病的工作重点和基层需要，提供技术指导，组织人员培训，开展学术交流，提高中医药防治传染病临床和科研能力。

（8）承担国家中医药管理局交办的其他工作任务。

（9）中心设立办公室，负责日常事务性工作及相关服务工作。

2. 中医药防治传染病重点研究室

（1）负责本地区中医药防治传染病临床科研信息的收集、汇总分析和及时沟通，包括收治患者的临床信息、救治方案、当地疫情等，形成中医药防治传染病信息数据库。

（2）围绕本地区中医药防治传染病的优势领域进行整理总结，开展理论和临床研究。

（3）在传染病疫情发生时，及时开展因地制宜的中医药诊疗规律和防治方案研究，并在体系一组织部署下开展协作。

（4）通过人员培训、学术交流、技术指导等方式，推广科研成果，提高本地区范围内中医药防治传染病的临床服务能力。

3. 中医药防治传染病临床基地

（1）了解掌握本地区传染病流行情况，按照国家有关规定对法定和新发传染病进行医疗救治，并具备传染病急危重症的诊治能力。

（2）围绕确定的重点病种（3种以上），以提高中医临床疗效为核心，挖掘、整理、总结临床经验，制定、实施中医诊疗方案，并定期对实施情况进行评估，不断修订优化。

（3）配备信息技术设备，建立基本工作情况、临床与科研情况、国内外本专业学术动态和传染病流行情况等信息资料库。

（4）开展中医药传染病临床专业知识培训，推广临床诊疗新技术、新方法，开展中医药防治传染病科普教育。

（5）参加传染病协作组的各项活动。

第五节　医疗救治与监督管理

传染病医疗救治和监督管理是传染病防治工作中的重要环节，关系到广大人民群众切身利益。医疗救治服务网络主要是通过统一的传染病信息资源网络实现卫生行政部门、疾病预防控制机构、医疗机构之间的信息联通，保障病人能够得到及时的医疗救治。传染病医疗救治与监督管理相互结合是促进传染病救治措施有效实施，保障公众身体健康和生命安全的重要保障。

一、传染病医疗救治

县级以上人民政府应当加强和完善传染病医疗救治服务网络的建设，指定具备传染病救治条件和能力的医疗机构承担传染病救治任务，医疗机构应当预防与控制医院感染和医源性感染，提高传染病救治能力。

（一）医疗机构的基本标准、建筑设计和服务流程

传染病防治法规定医疗机构的基本标准、建筑设计和服务流程，应当符合预防传染病医院感染的要求。一是医疗机构应当按照规定对使用的医疗器械进行消毒；二是对按照规定一次使用的医疗器具，应当在使用后予以销毁。医疗机构应当按照国务院卫生行政部门规定的传染病诊断标准和治疗要求，采取相应措施，提高传染病医疗救治能力。

（二）传染病预检、分诊制度

医疗机构在救治传染病病人时，应当实行传染病预检、分诊制度。对传染病

人、疑似传染病病人，应当引导至相对隔离的分诊点进行初诊。若医疗机构不具备相应救治能力的，应当将患者及其病历记录复印件一并转至具备相应救治能力的医疗机构，这种制度可以使病人减少与其他病人的接触机会，既可以有效预防与控制传染病在医疗机构内的传播，又方便病人就医。

二、传染病监督管理

（一）传染病监督管理的主体、对象与内容

1. 主体

根据传染病防治法的规定，县级以上人民政府卫生行政部门对传染病防治工作履行监督检查职责。

2. 对象

检查对象主要包括下级卫生行政部门、疾病预防控制机构、医疗机构、消毒产品和涉水产品生产经营企业、公共场所等。

3. 内容

检查内容主要有传染病防治措施、采供血活动、产品和生产条件、菌毒种的采集运输与使用等。

（二）卫生行政部门的监督检查职责

县级以上人民政府卫生行政部门在履行监督检查职责时，有权进入被检查单位和传染病疫情发生现场调查取证，查阅或者复制有关的资料和采集样本。如遇到突发情况，不及时采取控制措施可能导致传染病传播、流行的，卫生行政部门可以采取临时控制措施，被检查单位应当予以配合，不得拒绝、阻挠。具体说来主要履行下列监督检查职责：（1）对下级人民政府卫生行政部门履行传染病防治职责进行监督检查；（2）对疾病预防控制机构、医疗机构的传染病防治工作进行监督检查；（3）对采供血机构的采供血活动进行监督检查；（4）对用于传染病防治的消毒产品及其生产单位进行监督检查，并对饮用水供水单位从事生产或者供应活动以及涉及饮用水卫生安全的产品进行监督检查；（5）对传染病菌种、毒种和传染病检测样本的采集、保藏、携带、运输、使用进行监督检查；（6）对公共场所和有关单位的卫生条件和传染病预防、控制措施进行监督检查。

（三）卫生行政部门工作人员的监督检查职责

1. 外部

卫生行政部门工作人员依法执行职务时，应当不少于两人，并出示执法证件，填写卫生执法文书。卫生执法文书经核对无误后，应当由卫生执法人员和当事人签名。当事人拒绝签名的，卫生执法人员应当注明情况。

2. 内部

卫生行政部门在内部建立了监督制度，对其工作人员依据法定职权和程序履行

职责的情况进行监督。上级卫生行政部门发现下级卫生行政部门不及时处理职责范围内的事项或者不履行职责的，应当责令纠正或者直接予以处理。卫生行政部门的工作人员履行职责，应当自觉接受社会和公民的监督。单位和个人有权向上级人民政府及其卫生行政部门举报违反传染病防治法的行为。接到举报的有关人民政府或者其卫生行政部门，应当及时调查处理。

 以案释法 33

某传染病监督科科长玩忽职守案

2005年10月，陕西省某县农民杨某在既不具有医师资格，也未办理《医疗机构执业许可证》的情况下与其丈夫开办了"杨大夫"诊所，并对外行医至2007年5月。2007年3月初至4月底，陕西省某县卫生监督所医疗传染病监督科在所长张某、副所长潘某、科长纸某的带领下参加了单位组织的三次全区范围内打击非法行医专项行动。在三次对杨某的非法诊所进行查处时，杨某均采取了躲避、锁门的方法应付检查。在此情况下，潘某、纸某等人对该诊所仅采取了摘除招牌的措施，未依法采取取缔措施。同年3月28日、4月26日纸某指示科室工作人员时某、杨某某在给陕西省西安市卫生监督所的打击非法行医专项行动及取缔非法医疗机构报表中，将该无证诊所上报为取缔。2007年5月13日上午，患者张某某因咽喉痛，在"杨大夫"诊所就诊过程中，因静脉滴注双黄连注射液出现强烈反应，于当日下午抢救无效死亡。经法医学鉴定，患者张某某系双黄连过敏导致过敏性休克死亡。

 释解

医疗卫生事业关系到广大人民群众的生命健康安全。科长纸某所在单位成立时，同级卫生行政主管部门已明确将非法行医的查处作为其职责范围。纸某在参与查处非法行医诊所时，因被查处非法诊所人员逃避，在未能及时取缔的情况下，向上级主管部门报为取缔，亦未进一步采取措施，致非法诊所继续从业而引发患者死亡的严重后果，其行为已构成刑法第三百九十七条第一款规定的玩忽职守罪。

依照刑法第三百九十七条第一款规定："国家机关工作人员滥用职权或者玩忽职守，致使公共财产、国家和人民利益遭受重大损失的，处三年以下有期徒刑或者拘役；情节特别严重的，处三年以上七年以下有期徒刑。本法另有规定的，依照规定。"第三十七条之规定："对于犯罪情节轻微不需要判处刑罚的，可以免予刑事处罚，但是可以根据案件的不同情况，予以训诫或者责令具结悔过、赔礼道歉、赔偿损失，或者由主管部门予以行政处罚或者行政处分。"被告人纸某所犯玩忽职守罪名成立。被告人纸某作为卫生监督人员及医疗传染病监督科的科长，明知其所在单位有对非法行医行为的执法查处职责，因没有认真履行职责，造成严重后果的发生，符合玩忽职守罪的犯罪构成。鉴于被告人纸某犯罪情节轻微，可依法免予刑事处罚。

第六节　保障措施与法律责任

传染病可以在某些季节、某些特定区域的易感人群中迅速蔓延传播，不仅对人类的生命健康安全造成极大的危险性，而且还对经济、社会造成严重的损害。国家必须高度重视传染病防治工作的保障工作，不仅如此，国家有关部门应当进一步深入对传染病防治工作的督促和管理，对防治工作中的违法违规行为进行处罚。只有国家、社会以及个人形成一股积极正面的力量，才能真正落实好传染病防治工作。

一、保障措施

（一）经费保障

1. 国家

国家将传染病防治工作纳入国民经济和社会发展计划；县级以上地方人民政府将传染病防治工作纳入本行政区域的国民经济和社会发展计划。国务院卫生行政部门会同国务院有关部门，根据传染病流行趋势，确定全国传染病预防、控制、救治、监测、预测、预警、监督检查等项目。

2. 省、自治区、直辖市人民政府

省、自治区、直辖市人民政府根据本行政区域内传染病流行趋势，在国务院卫生行政部门确定的项目范围内，确定传染病预防、控制、监督等项目，并保障项目的实施经费。

3. 县级以上地方人民政府

县级以上地方人民政府按照本级政府职责负责本行政区域内传染病预防、控制、监督工作的日常经费。

4. 社区、基层

国家加强基层传染病防治体系建设，扶持贫困地区和少数民族地区的传染病防治工作。中央财政对困难地区实施重大传染病防治项目给予补助。地方各级人民政府应当保障城市社区、农村基层传染病预防工作的经费。

（二）医疗救助

国家对患有特定传染病的困难人群实行医疗救助，减免医疗费用。

（三）物资储备

县级以上人民政府负责储备防治传染病的药品、医疗器械和其他物资，以备调用。

（四）防护及补贴

对从事传染病预防、医疗、科研、教学、现场处理疫情的人员，以及在生产、工作中接触传染病病原体的其他人员，有关单位应当按照国家规定，采取有效的卫生防护措施和医疗保健措施，并给予适当的津贴。

二、法律责任

近几年来世界范围内暴发的传染病时刻给我们敲响着警钟，提醒我们必须不断加强传染病疫情防控机制建设，对于防治工作中存在的违法违规行为进行处罚，切实提高传染病防治工作主体责任追究。

（一）责任形式

行政法律责任：行政处分，警告、降级、撤职、开除等。行政处罚，警告、罚款、没收违法所得、责令停产停业、吊销执业证书等。

刑事法律责任：可能涉及刑法中规定的滥用职权罪、玩忽职守罪、传染病防治失职罪、非法采供血罪。

民事法律责任：单位和个人违反规定，导致传染病传播、流行，给他人人身、财产造成损害的，应当依法承担民事责任。

（二）不同监管机构在法律责任

1. 地方各级人民政府

地方各级人民政府未依照法律的规定履行报告职责，或者隐瞒、谎报、缓报传染病疫情，或者在传染病暴发、流行时，未及时组织救治、采取控制措施的，由上级人民政府责令改正，通报批评；造成传染病传播、流行或者其他严重后果的，对负有责任的主管人员，依法给予行政处分；构成犯罪的，依法追究刑事责任。

2. 县级以上人民政府卫生行政部门及有关部门

县级以上人民政府卫生行政部门违反传染病防治法规定，有下列情形之一的，由本级人民政府、上级人民政府卫生行政部门责令改正，通报批评；造成传染病传播、流行或者其他严重后果的，对负有责任的主管人员和其他直接责任人员，依法给予行政处分；构成犯罪的，依法追究刑事责任：（1）未依法履行传染病疫情通报、报告或者公布职责，或者隐瞒、谎报、缓报传染病疫情的；（2）发生或者可能发生传染病传播时未及时采取预防、控制措施的；（3）未依法履行监督检查职责，或者发现违法行为不及时查处的；（4）未及时调查、处理单位和个人对下级卫生行政部门不履行传染病防治职责的举报的；（5）其他失职、渎职行为。

县级以上人民政府有关部门未依照法律的规定履行传染病防治和保障职责的，

由本级人民政府或者上级人民政府有关部门责令改正，通报批评；造成传染病传播、流行或者其他严重后果的，对负有责任的主管人员和其他直接责任人员，依法给予行政处分；构成犯罪的，依法追究刑事责任。

3. 疾病预防控制机构

疾病预防控制机构违反法律规定，有下列情形之一的，由县级以上人民政府卫生行政部门责令限期改正，通报批评，给予警告；对负有责任的主管人员和其他直接责任人员，依法给予降级、撤职、开除的处分，并可以依法吊销有关责任人员的执业证书；构成犯罪的，依法追究刑事责任：（1）未依法履行传染病监测职责的；（2）未依法履行传染病疫情报告、通报职责，或者隐瞒、谎报、缓报传染病疫情的；（3）未主动收集传染病疫情信息，或者对传染病疫情信息和疫情报告未及时进行分析、调查、核实的；（4）发现传染病疫情时，未依据职责及时采取法律规定的措施的；（5）故意泄露传染病病人、病原携带者、疑似传染病病人、密切接触者涉及个人隐私的有关信息、资料的。

4. 医疗机构

医疗机构违反法律规定，有下列情形之一的，由县级以上人民政府卫生行政部门责令改正，通报批评，给予警告；造成传染病传播、流行或者其他严重后果的，对负有责任的主管人员和其他直接责任人员，依法给予降级、撤职、开除的处分，并可以依法吊销有关责任人员的执业证书；构成犯罪的，依法追究刑事责任：（1）未按照规定承担本单位的传染病预防、控制工作、医院感染控制任务和责任区域内的传染病预防工作的；（2）未按照规定报告传染病疫情，或者隐瞒、谎报、缓报传染病疫情的；（3）发现传染病疫情时，未按照规定对传染病病人、疑似传染病病人提供医疗救护、现场救援、接诊、转诊的，或者拒绝接受转诊的；（4）未按照规定对本单位内被传染病病原体污染的场所、物品以及医疗废物实施消毒或者无害化处置的；（5）未按照规定对医疗器械进行消毒，或者对按照规定一次使用的医疗器具未予销毁，再次使用的；（6）在医疗救治过程中未按照规定保管医学记录资料的；（7）故意泄露传染病病人、病原携带者、疑似传染病病人、密切接触者涉及个人隐私的有关信息、资料的。

5. 采供血机构

采供血机构未按照规定报告传染病疫情，或者隐瞒、谎报、缓报传染病疫情，或者未执行国家有关规定，导致因输入血液引起经血液传播疾病发生的，由县级以上人民政府卫生行政部门责令改正，通报批评，给予警告；造成传染病传播、流行或者其他严重后果的，对负有责任的主管人员和其他直接责任人员，依法给予降级、撤职、开除的处分，并可以依法吊销采供血机构的执业许可证；构成犯罪的，依法追究刑事责任。

非法采集血液或者组织他人出卖血液的，由县级以上人民政府卫生行政部门予以取缔，没收违法所得，可以并处十万元以下的罚款；构成犯罪的，依法追究刑事责任。

6.国境卫生检疫机关、动物防疫机构

国境卫生检疫机关、动物防疫机构未依法履行传染病疫情通报职责的，由有关部门在各自职责范围内责令改正，通报批评；造成传染病传播、流行或者其他严重后果的，对负有责任的主管人员和其他直接责任人员，依法给予降级、撤职、开除的处分；构成犯罪的，依法追究刑事责任。

7.铁路、交通、民用航空经营单位

铁路、交通、民用航空经营单位未依照法律的规定优先运送处理传染病疫情的人员以及防治传染病的药品和医疗器械的，由有关部门责令限期改正，给予警告；造成严重后果的，对负有责任的主管人员和其他直接责任人员，依法给予降级、撤职、开除的处分。

8.饮用水供水单位、消毒产品生产经营单位、生物制品生产单位

有下列情形之一，导致或者可能导致传染病传播、流行的，由县级以上人民政府卫生行政部门责令限期改正，没收违法所得，可以并处五万元以下的罚款；已取得许可证的，原发证部门可以依法暂扣或者吊销许可证；构成犯罪的，依法追究刑事责任：（1）饮用水供水单位供应的饮用水不符合国家卫生标准和卫生规范的；（2）涉及饮用水卫生安全的产品不符合国家卫生标准和卫生规范的；（3）用于传染病防治的消毒产品不符合国家卫生标准和卫生规范的；（4）出售、运输疫区中被传染病病原体污染或者可能被传染病病原体污染的物品，未进行消毒处理的；（5）生物制品生产单位生产的血液制品不符合国家质量标准的。

9.农业、水利行政部门

未经检疫出售、运输与人畜共患传染病有关的野生动物、家畜家禽的，由县级以上地方人民政府畜牧兽医行政部门责令停止违法行为，并依法给予行政处罚。

在国家确认的自然疫源地兴建水利、交通、旅游、能源等大型建设项目，未经卫生调查进行施工的，或者未按照疾病预防控制机构的意见采取必要的传染病预防、控制措施的，由县级以上人民政府卫生行政部门责令限期改正，给予警告，处五千元以上三万元以下的罚款；逾期不改正的，处三万元以上十万元以下的罚款，并可以提请有关人民政府依据职责权限，责令停建、关闭。

10.其他规定

违反法律规定，有下列情形之一的，由县级以上地方人民政府卫生行政部门责令改正，通报批评，给予警告，已取得许可证的，可以依法暂扣或者吊销许可证；造成传染病传播、流行以及其他严重后果的，对负有责任的主管人员和其他直接责任人员，依法给予降级、撤职、开除的处分，并可以依法吊销有关责任人员的执业

证书；构成犯罪的，依法追究刑事责任：（1）疾病预防控制机构、医疗机构和从事病原微生物实验的单位，不符合国家规定的条件和技术标准，对传染病病原体样本未按照规定进行严格管理，造成实验室感染和病原微生物扩散的；（2）违反国家有关规定，采集、保藏、携带、运输和使用传染病菌种、毒种和传染病检测样本的；（3）疾病预防控制机构、医疗机构未执行国家有关规定，导致因输入血液、使用血液制品引起经血液传播疾病发生的。

周某传染病防治失职案

2013年2月21日，巴马瑶族自治县（以下简称巴马县）人民医院通过中国疾病预防控制信息系统网络直报一例麻疹疑似病例，后经实验室检验确诊为麻疹。2013年3月5日，巴马县人民医院又收治一例麻疹疑似病例，但没有通过中国疾病预防控制信息系统进行网络直报，而是口头向时任巴马瑶族自治县疾病预防控制中心免疫规划科科长的周某汇报，周某向该中心主任李某汇报后，李某让免疫规划科去进行流行病学个案调查、采样，但调查、采样后并没有依照规定要求中心工作人员进行网络直报，而是将采样标本存放该中心冷冻库保存。

2013年3月15日，周某又接到巴马县人民医院报告收治一例麻疹疑似病例，当日其在外出差，就向李某汇报，李某当时在县政府参加计划生育工作会议，便发一条短信给中心免疫规划科副科长韦某，短信内容为："我在县里参加计划生育会议，县医院儿科有一例疑似麻疹，你现在上去调查核实相关信息及技术处理，不得再上报了。"韦某收到短信后，便带免疫规划科的其他同事到巴马县人民医院进行流行病学个案调查及采样，并依其理解的"技术处理"让医院的医生在病历上将"麻疹"更改为"肺炎""支气管炎"等，并根据李某"不得再上报"的指示，要求医院不能进行网络直报。调查、采样回来后，李某也没有依照规定要求中心工作人员进行网络直报，而是将采样标本存放该中心冻库保存。周某出差回来后，韦某甲向其报告该例麻疹疑似病例的处理情况，周某对此没有提出反对意见，对瞒报麻疹疫情表示认可。2013年3月15日至4月14日，医疗机构发现的每一例麻疹病例均按巴马县疾控中心等单位的要求，不进行网络直报，而是报告给被告人周某，后周某汇报给李某，并进行流行病学个案调查和采样，先后共采样27份，采样标本均存放中心冷冻库，没有及时送检。

2013年8月5日，河池市疾病预防控制中心出具的《2013年巴马县麻疹疫情结案报告》证实：截至6月28日，全县10个乡镇均有病例报告、累计报告麻疹病例540例，排除12例，确诊528例，除死亡1例，其余527例经治疗痊愈。疫情出现两个流行峰：

4月1至8日出现第一个小流行峰，发病22例；4月14日至5月13日出现第二个大流行峰，发病432例。疫情发生、蔓延的原因之一是"瞒报迟报疫情错过最佳处置时间"。案后，周某在检察机关立案前询问时如实供述其全部犯罪事实。

 释解

　　周某身为依法从事传染病防治的国家工作人员，在履行传染病防治职责过程中，严重不负责任，对麻疹疫情瞒报迟报，使上级有关部门没有及时掌握疫情动态，致使麻疹疫情错过最佳防控时机，导致传染病麻疹传播和流行，造成528人感染麻疹病和1人医治无效死亡的严重后果，情节严重，其行为已触犯刑律，构成了传染病防治失职罪。

　　依照刑法第四百零九条规定："从事传染病防治的政府卫生行政部门的工作人员严重不负责任，导致传染病传播或者流行，情节严重的，处三年以下有期徒刑或者拘役。"周某的瞒报迟报行为与造成麻疹疫情暴发的后果虽有刑法上的因果关系，但属一果多因，责任较轻。麻疹疫情扑灭后，周某于2013年8月15日在接受调查时主动交代其全部犯罪事实。2014年1月20日，巴马县人民检察院对被告人涉嫌犯罪立案侦查，被告人的上述行为属自首，依法可以从轻或者减轻处罚。人民法院依法判决周某犯传染病防治失职罪，免予刑事处罚。

附录

国家中医药管理局
关于印发《中医药行业开展法治宣传教育
第七个五年规划（2016—2020年）》的通知

国中医药法监发〔2016〕29号

各省、自治区、直辖市卫生计生委、中医药管理局，局直属各单位：

为认真贯彻落实《中共中央 国务院转发〈中央宣传部、司法部关于在公民中开展法治宣传教育的第七个五年规划（2016—2020年）〉的通知》，深入开展中医药行业法治宣传教育，我局制定了《中医药行业开展法治宣传教育第七个五年规划（2016—2020年）》，现印发给你们。请按照规划要求，结合实际，认真制定本地本单位中医药"七五"普法实施计划，深入宣传发动，全面组织实施，确保中医药行业"七五"普法规划各项目标任务落到实处。

国家中医药管理局
2016年9月29日

中医药行业开展法治宣传教育
第七个五年规划（2016—2020年）

为进一步深化中医药行业法治宣传教育，增强中医药行业广大干部职工法治观念，深入推进中医药行业依法治理，根据《中共中央 国务院转发〈中央宣传部、司法部关于在公民中开展法治宣传教育的第七个五年规划（2016—2020年）〉的通知》要求，结合中医药普法工作实际，特制定本规划。

一、指导思想、主要目标和工作原则

（一）指导思想

高举中国特色社会主义伟大旗帜，全面贯彻党的十八大和十八届三中、四中、五中全会精神，以马克思列宁主义、毛泽东思想、邓小平理论、"三个代表"重要思想、科学发展观为指导，深入贯彻习近平总书记系列重要讲话精神，坚持"四个全面"战略布局,坚持创新、协调、绿色、开放、共享的发展理念,按照全面依法治国新要求,深入开展中医药行业法治宣传教育,扎实推进中医药行业依法治理和法治创建,弘扬社会主义法治精神,建设社会主义法治文化,推进中医药法治宣传教育与法治实践相结合,健全普法宣传教育机制,推动工作创新,充分发挥法治宣传教育在中医药行业全面依法治理中的基础作用,推动全行业树立法治意识,为"十三五"时期中医药事业发展营造良好法治环境,为实现中医药振兴发展、推动健康中国建设和全面建成小康社会作出积极贡献。

(二)主要目标

中医药行业普法宣传教育机制进一步健全,法治宣传教育实效性进一步增强,行业依法治理进一步深化,法治观念进一步增强,党员党章党规意识明显增强,广大干部职工厉行法治的积极性和主动性明显提高,在全行业形成守法光荣、违法可耻的法治氛围。

(三)工作原则

坚持围绕中心、服务大局,围绕卫生计生工作重点、中医药发展战略规划纲要和"十三五"规划,深入开展法治宣传教育,更好地服务中医药振兴发展。

坚持依靠群众、服务群众,以满足中医药行业广大干部职工不断增长的法治需求为出发点和落脚点,以广大干部职工喜闻乐见、易于接受的方式开展法治宣传教育。

坚持学用结合、普治并举,促进法治宣传教育与中医药行业依法治理有机结合,引导党员群众在法治实践中自觉学法守法用法。

坚持分类指导、突出重点,根据地区、对象的不同和中医药行业的特点分类实施法治宣传教育,突出抓好重点对象。

坚持创新发展、注重实效,推动中医药法治宣传教育工作理念、机制、载体和方式方法创新,不断提高中医药法治宣传教育的针对性和实效性。

二、主要任务

(一)深入学习习近平总书记关于全面依法治国的重要论述。深入学习宣传习近平总书记关于全面依法治国的重要论述,增强走中国特色社会主义道路的自觉性和坚定性,增强中医药行业厉行法治的积极性和主动性。深入学习宣传以习近平同志为总书记的党中央关于全面依法治国的重要部署,宣传科学立法、严格执法、公正司法、全民守法和党内法规建设的生动实践,使中医药行业广大干部职工了解和掌握全面依法治国的重大意义和总体要求,更好地发挥法治的引领和规范作用。

(二)突出学习宣传宪法和中国特色社会主义法律体系。坚持把学习宣传宪法摆在首要位置,在中医药行业普遍开展宪法教育,弘扬宪法精神,提高宪法意识，树立宪法权威。实行宪法宣誓制度，认真组织好"12·4"国家宪法日集中宣传活动。坚持把宣传以宪法为核心的中国特色社会主义法律体系作为法治宣传教育的基本任务，大力宣传宪法相关法、民法商法、行政法、经济法、社会法、刑法、诉讼与非诉讼程序法等法律法规。注重弘扬法治精神、培育法治理念、树立法治意识，大力宣传宪法法律至上、法律面前人人平等、权由法定、权依法使等基本法治理念，引导全行业形成自觉守法、遇事找法、解决问题靠法的良好法治氛围。

（三）深入学习宣传医药卫生和中医药法律法规。深入开展医疗卫生、食品药品安全和中医药方面的法律法规学习宣传，促进保障和改善民生，优化中医药服务。大力宣传中医药专门性法律法规，树立依法保护、扶持和促进中医药事业发展的法治意识。大力宣传中医药医疗、保健、科研、教育、产业、文化等有关法律法规和规范性文件，推动中医药事业法治化、规范化发展。大力宣传中医药标准，推动各项标准全面、正确实施。

（四）深入学习宣传党内法规。适应全面从严治党、依规治党新形势新要求，切实加大党内法规宣传力度。突出宣传党章，教育引导中医药行业广大党员尊崇党章，以党章为根本遵循，坚决维护党章权威。大力宣传《中国共产党廉洁自律准则》、《中国共产党纪律处分条例》等各项党内法规，注重党内法规宣传与国家法律宣传的衔接和协调，坚持纪在法前、纪严于法，把纪律和规矩挺在前面，教育引导中医药行业广大党员做党章党规党纪和国家法律的自觉尊崇者、模范遵守者、坚定捍卫者。

（五）推进社会主义法治文化建设和道德建设。以宣传法律知识、弘扬法治精神、推动法治实践为主旨，积极推进社会主义法治文化建设，推动法治文化与中医药文化融合发展。利用各种重大纪念日、中医中药中国行——中医药健康文化推进行动等契机，开展形式多样的法治文化活动。推进法治教育与道德教育相结合，大力弘扬社会主义核心价值观和中华传统美德，践行新时期医疗卫生职业精神，倡导良好医德医风。强化规则意识，倡导契约精神，弘扬公序良俗，引导人们自觉履行法定义务、社会责任、家庭责任。积极推进中医药行业社会信用体系建设，发挥法治在解决道德领域突出问题中的作用。

（六）推进中医药行业依法治理。坚持法治宣传教育与法治实践相结合，把法律条文变成引导、保障中医药事业发展的基本规则，深化中医药行业依法治理。认真贯彻《中共中央关于全面推进依法治国若干重大问题的决定》和中共中央、国务院印发的《法治政府建设实施纲要（2015—2020年）》，积极开展中医药行业国家工作人员学法用法活动，深入推进法治政府建设，进一步提升中医药行业依法行政水平和法治化管理水平，全面推进中医药行业法治建设。支持中医药各类学会、协会发挥行业自律和专业服务功能，发挥社会组织对其成员的行为导引、规则约束、权益维护等作用。

三、对象和要求

中医药行业法治宣传教育的对象是全国中医药行业广大干部职工以及中医药行政管理相对人，重点加强对各级中医药管理部门和事业单位的领导干部、国家工作人员的法治宣传教育。

（一）**切实加强中医药行业国家工作人员学法用法。**坚持把领导干部带头学法、模范守法作为树立法治意识的关键，健全完善领导干部集体学法制度，把宪法法律和党内法规列入各级中医药管理部门党委（党组）中心组学习内容。把法治教育纳入干部教育培训总体规划，纳入国家工作人员初任培训、任职培训的必训内容，在各级中医药管理部门组织的各类培训课程中融入法治教育内容，保证法治培训课时数量和培训质量，切实提高领导干部运用法治思维和法治方式深化改革、推动发展、化解矛盾、维护稳定的能力，切实增强国家工作人员自觉守法、依法办事的意识和能力。加强党章和党内法规学习教育，引导党员领导干部增强党章党规党纪意识，严守政治纪律和政治规矩，在廉洁自律上追求高标准，自觉远离违纪红线。健全完善日常学法制度，创新学法形式，拓宽学法渠道。健全完善重大决策合法性审查机制，积极推行法律顾问制度。把尊法学法守法用法情况作为考核领导班子和领导干部的重要内容。把法治观念强不强、法治素养好不好作为衡量干部德才的重要标准，把能不能遵守法律、依法办事作为考察干部的重要内容。

（二）**深入推进中医药专业技术人员法治宣传教育。**切实把法治教育纳入中医药专业技术人员教育培训内容。在新上岗人员培训、住院医师规范化培训中纳入医药卫生和中医药法律知识，学习掌握与其执业行为密切相关的医药卫生和中医药法律法规。深入开展在岗人员的法律知识学习，进一步增强其法治观念，提高其依法执业和依法履职的法治实践能力。加强反腐倡廉和治理商业贿赂等有关法律法规政策的宣传学习，增强廉洁行医自觉性。加大对中医药专业技术人员学法用法的考核评价，探索将考核成绩作为年度考核、职称晋升和竞聘上岗等的重要依据。

（三）**广泛开展面向社会的中医药法治宣传教育。**加强对民营中医医疗机构、相关企业单位管理人员的法治宣传教育，引导其树立诚信守法、爱岗敬业意识，提高依法经营、依法办事、依法管理能力。加强宣传与广大人民群众中医药服务密切相关的法律法规知识，增进广大人民群众对中医药法律法规知识的认识，引导其自觉遵守正常诊疗秩序，自觉运用法律手段解决矛盾纠纷。

四、工作措施

各级中医药管理部门要按照本规划确定的内容和要求，结合本地区的实际，认真制定当地中医药"七五"普法实施计划或将中医药普法内容纳入当地卫生计生"七五"普法实施计划，深入宣传发动，全面组织实施，确保中医药行业"七五"普法规划各项目标任务落到实处。

（一）健全普法宣传教育机制。各级中医药管理部门要加强对普法工作的领导，健全普法工作机制。中医药各类学会、协会，要在法治宣传教育中发挥积极作用，健全普法协调协作机制，根据各自特点和实际需要，有针对性地组织开展法治宣传教育。积极动员社会力量，选用优秀法律和党内法规人才参与中医药法治宣讲活动，提高普法宣传水平。健全考核机制，加强普法工作考核评估，注重考核结果的运用。健全激励机制，认真开展"七五"普法中期检查和总结验收，及时总结推广典型经验。

（二）健全普法责任制。落实"谁执法谁普法"、"谁主管谁负责"的普法责任制，建立普法责任清单制度。加强中医药执法监督案例整理编辑工作，建立行政执法典型案例发布制度。开展以案释法和警示教育等，不断拓宽法治宣传教育渠道，推进形式创新。中医药行业各单位要在管理、服务过程中，结合行业特点和特定群体的法律需求，开展法治宣传教育。健全行业媒体公益普法制度，各级中医药行业媒体要自觉履行普法责任，在重要版面、重要时段制作刊登普法公益广告，针对新出台中医药法律法规、社会热点和典型案（事）例开展及时权威的法律解读。中医药行业各级党组织要坚持全面从严治党、依规治党，切实履行学习宣传党内法规的职责，把党内法规作为学习型党组织建设的重要内容，充分发挥正面典型倡导和反面案例警示作用，为党内法规的贯彻实施营造良好氛围。

（三）推进法治宣传教育工作创新。创新工作理念，坚持围绕中心、服务大局，围绕卫生计生和中医药重点工作，服务人民群众的健康权益，努力培育中医药行业广大干部职工法治信仰，增强法治宣传教育工作实效。针对受众心理，创新方式方法，坚持集中法治宣传教育与经常性法治宣传教育相结合，深化"法律进机关、进单位"中医药法治宣传教育主题活动，完善工作标准，建立长效机制。创新载体阵地，充分利用公共场所开展法治宣传教育。在中医药管理部门、中医药服务机构的服务大厅和服务窗口增加法治宣传教育功能。充分运用互联网传播平台，加强新媒体技术在普法中的运用，推进"互联网＋法治宣传"行动。开展新媒体普法益民服务，更好地运用微信、微博、客户端开展普法活动。

五、组织领导

（一）切实加强领导。各级中医药管理部门要高度重视法治宣传教育，健全法治宣传教育工作领导机制，成立相应的"七五"普法领导机构和工作机构。定期听取法治宣传教育工作情况汇报，及时研究解决工作中的重大问题，把法治宣传教育纳入综合绩效考核等内容。

（二）加强工作指导。各级中医药管理部门要结合本地区本部门工作实际，分析不同对象的法律需求，区别对待、分类指导，不断增强中医药法治宣传教育的针对性。坚持问题导向，努力推进工作，不断提高中医药法治宣传教育的实效性。认真总结推广法治宣传教育工作的好经验、好做法，充分发挥先进典型的示范和带动作用，推进中医药行业法治宣传教育不断深入。

（三）加强经费保障。各级中医药管理部门要统筹安排专项经费支持中医药法治宣传教育工作，切实予以经费保障，并建立动态调整机制。